Arrêter de se ronger les ongles :

La méthode complète et bienveillante

Onychophagie et mains abîmées : comprendre le geste

pour retrouver sa liberté

https://www.lioudalivre.fr

Table des matières

Table des matières 2
Partie I : Comprendre 5
Avant de commencer 7
Chapitre 1: Au bout des doigts - l'onychophagie dévoilée 9
Chapitre 2 : Quand la douleur cherche une sortie 13
Chapitre 3 : Pourquoi ce geste apparaît 16
Chapitre 4 : Le cerveau qui cherche à se calmer 19
Chapitre 5 : Les anciens et nouveaux gestes d'apaisement - Handspinners, scrolling et cerveau moderne 24
Chapitre 6: La prise de conscience - reprendre la main avant le geste 29
Partie II : AGIR 33
Chapitre 7 : Déjouer le rituel - intervenir sans se faire violence 33
Chapitre 8 : La honte silencieuse - Image de soi, mains cachées, vie sociale et professionnelle 36
Chapitre 9 : Le cercle vicieux émotionnel 40
Chapitre 10: Moment décisif – reprendre le contrôle 44
Chapitre 11 : Apaiser la cause, calmer le système nerveux 47
Chapitre 12 : Le plan d'urgence pour les moments à risque 52
Chapitre 13 : Les techniques comportementales qui déprogramment le geste 55
Chapitre 14 : Déjouer le rituel (en profondeur) 62

Chapitre 15 : Tenir dans la durée - rechutes, maintien et liberté réelle 67

Chapitre 16 : Parcours réels - profils, déclencheurs, et sorties possibles 74

Chapitre 17 : Accompagner un enfant ou un adolescent qui se ronge les ongles 89

Chapitre 18 : Quand les mains racontent une vie - récits de souffrance silencieuse 97

Chapitre 19 : Les faux ongles, une vraie solution ? 102

Chapitre 20 : Quand et comment se faire aider - choisir le bon professionnel, au bon moment 104

Quand l'aide extérieure devient nécessaire. 104

Chapitre 21 : Quand l'onychophagie cache autre chose TOC, anxiété, TDAH, hypersensibilité 107

Chapitre 22 : Thérapies qui fonctionnent vraiment 111

PARTIE III : GUÉRIR DANS LA DURÉE 117

Chapitre 23 : Rechutes - pourquoi elles sont normales. Ce que disent vraiment les neurosciences 117

Chapitre 24 : Reconstruire une relation saine à ses mains 120

Chapitre 25 : Vivre sans se surveiller 124

Conclusion 140

ANNEXE A : BILAN PERSONNEL ET PARCOURS D'ACCOMPAGNEMENT 143

ANNEXE B: ACCOMPAGNER UN ENFANT OU UN ADOLESCENT QUI SE RONGE LES ONGLES 148

ANNEXE C : REPÈRES POUR LES PROFESSIONNELS 153

ANNEXE — Protocoles simples 157

ANNEXE - Ressources professionnelles 161

ANNEXE - Check-list Premier rendez-vous....................165
ANNEXE - Check-list « premier rendez-vous » Version adaptée enfants / adolescents / adultes.........................168
ANNEXE - Témoignages croisés.......................................172
BIBLIOGRAPHIE SÉLECTIVE...176

Partie I : Comprendre

Avant même de lire la première phrase, vos yeux ont peut-être glissé vers vos mains. Vers ces doigts que vous cachez parfois. Vers ces ongles trop courts, irréguliers, douloureux, ou simplement absents.

Ce livre commence là. Il commence par un geste que vous connaissez trop bien.

Un geste automatique, presque machinal, que vous faites sans y penser - ou que vous remarquez seulement après coup, quand il est déjà trop tard.

Un geste qui soulage sur le moment, puis laisse derrière lui une trace : un ongle abîmé, une peau arrachée, une petite honte de culpabilité.

Si vous tenez ce livre entre vos mains, ce n'est probablement pas par curiosité. C'est parce que vous avez déjà essayé d'arrêter. Une fois. Dix fois. Cent fois.

Ou peut-être parce que vous souhaitez aider un proche. Parce que vous avez vu ses mains, son malaise, son silence. Ou parce que, tout simplement, vous vivez cette situation tous les jours.

Vous avez peut-être déjà testé les vernis amers, les gants, les pansements, les promesses du lundi matin. Vous vous êtes dit : « Cette fois, c'est la bonne ». Et puis le geste est revenu. Par fatigue. Par stress. Par ennui. Et depuis une question s'est installée, lourde et persistante : « Pourquoi je n'y arrive pas ? Qu'est-ce qui ne va pas chez moi ? »

Et une autre, encore plus douloureuse : « Est-ce que je suis un mauvais parent ? Pourquoi je n'arrive pas à apporter l'aide nécessaire, à faire ce qu'il faut ? »

Ce livre est né de ces questions. Et d'un constat simple, mais dérangeant : nous faisons tous fausse route.

Se ronger les ongles n'est pas une simple mauvaise habitude. On ne peut pas l'arrêter par simple manque de volonté.

Ce n'est pas une faiblesse morale.

Et ce n'est certainement pas un problème qui se règle à coups de produits répulsifs ou d'injonctions à se contrôler.

L'onychophagie est plutôt un langage corporel. Une façon pour le corps de dire ce que l'esprit ne parvient pas à formuler.

Quand les mots manquent, quand l'émotion déborde, quand la tension devient trop forte ou trop diffuse, le corps invente un geste. Un geste qui apaise, qui canalise, qui donne l'illusion - parfois réelle - d'un soulagement. Se ronger les ongles, c'est souvent tenter de se calmer sans le savoir.

Depuis trop longtemps, nous avons traité le symptôme en ignorant la cause. Nous avons voulu faire taire le geste sans écouter ce qu'il essayait de dire.

Nous avons culpabilisé des enfants, jugé des adultes, pathologisé des comportements profondément humains.

Ce livre propose un autre chemin. Ici, il ne s'agit pas de vous poser les interdits, pas de lutter contre votre corps, mais de l'écouter. Pas de vous contrôler davantage, mais de vous apaiser autrement.

Vous allez découvrir pourquoi ce geste s'est installé dans votre vie. Pourquoi il revient à certains moments précis. Pourquoi il persiste malgré vos efforts sincères.

Et surtout : comment en sortir sans violence, sans honte, sans guerre contre vous-même.

Ce livre ne promet pas une méthode miracle. Il propose quelque chose de plus précieux : une compréhension profonde de ce qui se joue entre vos émotions, votre cerveau et votre corps.

Vous apprendrez à reconnaître vos déclencheurs. À décoder vos cycles.

À remplacer ce geste non pas par une contrainte, mais par des réponses plus justes à vos besoins réels.

Car vos ongles ne sont pas vos ennemis. Ils sont les témoins d'une tentative d'adaptation. Imparfaite, parfois douloureuse, mais sincère.

Ce livre ne parle pas seulement des ongles. Il parle de la façon dont nous gérons l'anxiété, le stress, l'ennui, la pression, le trop-plein. Il parle de ces petits gestes que le corps invente pour survivre quand l'intérieur devient trop bruyant.

Si vous êtes prêt à changer de regard.

Si vous êtes prêt à écouter au lieu de combattre.

Si vous êtes prêt à accepter plutôt qu'à vous juger...

Alors tournez la page. Ce n'est pas le début d'un combat. C'est le début d'une réconciliation.

Avant de commencer

Avant de tourner la page et d'entrer dans le premier chapitre, j'aimerais vous demander une chose. Ne cherchez pas à arrêter immédiatement. Ne vous promettez pas, une fois de plus, que cette fois sera la bonne. Ne vous jugez pas. Pendant quelques instants, accordez-vous simplement le droit de comprendre.

Car si vous tenez ce livre entre vos mains, il y a de fortes chances que vous connaissiez déjà la frustration de ceux qui ont essayé d'arrêter. Et ça, pendant des années.

Vous avez peut-être testé la volonté, les promesses, les résolutions du lundi matin, les vernis amers, les astuces trouvées sur Internet ou les conseils bien intentionnés de votre entourage. Et pourtant, le geste est revenu. Encore. Et encore.

Alors, avant d'aller plus loin, faisons simplement un point de départ. Pas un examen. Pas un test. Juste une photographie de votre situation aujourd'hui.

Petit questionnaire de départ

Répondez spontanément. La première réponse qui vous vient est souvent la bonne.

1. J'ai déjà essayé d'arrêter de me ronger les ongles (ou d'aider mon enfant à arrêter). ☐ Oui ☐ Non
2. Après avoir rongé mes ongles, je ressens souvent de la culpabilité, de la honte ou de l'agacement envers moi-même. ☐ Oui ☐ Non
3. Il m'arrive de cacher mes mains. ☐ Oui ☐ Non
4. Je remarque que le geste apparaît surtout dans certaines situations : stress, ennui, fatigue, attente, concentration. ☐ Oui ☐ Non
5. J'ai parfois l'impression que ce geste m'aide à me calmer ou à évacuer quelque chose. ☐ Oui ☐ Non

6. Je suis prêt(e) à comprendre ce comportement plutôt qu'à le combattre uniquement par la force. ☐ Oui ☐ Non
7. Je suis prêt(e) à avancer sans me juger à chaque difficulté ou à chaque rechute. ☐ Oui ☐ Non

Si vous avez répondu « oui » à plusieurs de ces questions, vous êtes probablement exactement au bon endroit. Et même si ce n'est pas le cas, vous trouverez dans ces pages des pistes qui pourront vous être utiles. Parce qu'au fond, ce livre ne s'adresse pas uniquement aux personnes qui se rongent les ongles. Il s'adresse aussi à celles qui sont fatiguées de lutter contre elles-mêmes.

Un petit engagement

Je ne vais pas vous demander de signer un contrat. Je vais simplement vous proposer une idée. Pendant votre lecture, essayez de remplacer la question : « Comment faire pour arrêter ? » par une autre : « Qu'est-ce que ce geste essaie de me dire ? »

Cette simple question change tout. Car on ne traite pas de la même façon un ennemi que l'on veut éliminer et un message que l'on cherche à comprendre. Pendant longtemps, vous avez peut-être considéré vos mains comme le problème. Au fil de ces pages, vous découvrirez qu'elles ne sont probablement que les messagères.

Alors, si vous le souhaitez, prenez ce petit engagement avec vous-même :« Je m'autorise à comprendre avant de juger et à avancer à mon rythme. Je n'ai pas besoin d'être parfait(e) pour progresser. Je peux apprendre à me traiter avec davantage de douceur. »

Gardez ces mots quelque part dans un coin de votre tête. Revenez-y lorsque le découragement se présentera. Revenez-y lorsque vous aurez l'impression de ne pas avancer assez vite. Revenez-y lorsque la culpabilité tentera de reprendre sa place.

Et surtout, souvenez-vous d'une chose. Vous n'êtes pas seul(e). Des milliers de personnes vivent exactement les mêmes difficultés. Beaucoup ont réussi à retrouver une relation plus sereine avec leurs mains. Pas parce qu'elles étaient plus courageuses. Pas parce qu'elles avaient plus de volonté. Mais parce qu'elles ont fini par comprendre ce qui se passait réellement.

C'est ce chemin que je vous propose d'emprunter maintenant. Ensemble. Une page à la fois.

Chapitre 1: Au bout des doigts - l'onychophagie dévoilée

Il existe des gestes si discrets qu'on finit par ne plus les voir. Se ronger les ongles en fait partie.

On ne s'arrête pas dans la rue pour observer quelqu'un qui porte machinalement ses doigts à sa bouche. On ne le signale pas comme un comportement inquiétant. On détourne le regard, ou l'on n'y prête même pas attention. Et pourtant, ce geste-là est partout. Dans les transports, dans les salles de classe, dans les bureaux, devant les écrans, dans les moments d'attente comme dans ceux de forte concentration.

L'onychophagie est l'un des comportements les plus répandus chez l'être humain… et l'un des moins compris.

Un mot savant pour un geste ordinaire

Le terme onychophagie vient du grec onyx (ongle) et phagein (manger). Dit comme cela, il paraît presque excessif, médical, disproportionné par rapport à un geste que beaucoup considèrent encore comme une simple manie. Et pourtant, ce mot existe parce que le phénomène est ancien, fréquent, et suffisamment constant pour avoir été observé, nommé, étudié.

Dans le langage courant, on parle de « se ronger les ongles ». Une expression anodine, presque enfantine. Mais derrière cette formule familière se cache une réalité bien plus complexe qu'un mauvais réflexe à corriger.

Se ronger les ongles n'est pas un geste unique. C'est une constellation de comportements : mordiller, arracher, grignoter, lisser avec les dents, s'attaquer aux cuticules, à la peau autour de l'ongle, parfois jusqu'au sang. Certains s'arrêtent à l'ongle, d'autres vont plus loin. Certains le font quelques minutes par semaine, d'autres plusieurs heures par jour sans s'en rendre compte.

Il n'y a pas une onychophagie, mais des onychophagies.

Un spectre, pas une case

Contrairement à ce que l'on croit, il n'existe pas de frontière nette entre « normal » et « pathologique ». L'onychophagie se situe sur un spectre.

À une extrémité, on trouve le geste occasionnel : un ongle mordillé lors d'un examen, d'un moment de stress intense, d'une longue attente. Ce comportement est ponctuel, sans conséquence durable, et disparaît souvent de lui-même.

Un peu plus loin, il y a l'onychophagie cyclique. Elle apparaît par périodes. Elle revient dans certaines situations, à certaines saisons de la vie, puis s'atténue. Les ongles deviennent alors de véritables baromètres émotionnels : ils racontent les périodes de surcharge, de pression, de fatigue, parfois mieux que les mots.

Puis il y a l'onychophagie chronique. Celle qui s'installe. Celle qui ne dépend plus d'un événement précis, mais qui devient un automatisme profondément ancré. Les doigts sont presque toujours à portée de bouche. Le geste se déclenche sans réflexion, parfois même sans émotion clairement identifiable. C'est souvent là que s'installent la honte, la culpabilité, l'impression de ne plus avoir de contrôle.

Enfin, dans les formes les plus sévères, le geste devient douloureux, envahissant, mutilant. Il déborde largement le cadre de l'ongle et s'accompagne d'autres comportements répétitifs centrés sur le corps. Ce sont ces formes-là qui amènent parfois à consulter, quand la souffrance devient trop visible pour être ignorée.

Mais attention : la gravité ne se mesure pas uniquement à l'état des doigts, mais plutôt à ce que ce geste coûte intérieurement.

Un comportement massif… mais invisible

Les chiffres sont éloquents, même s'ils sous-estiment la réalité. Une proportion considérable d'enfants, d'adolescents et d'adultes se rongent ou se sont rongé les ongles à un moment de leur vie. Pourtant, très peu de personnes en parlent spontanément. Très peu osent dire : « J'ai ce problème-là ».

Pourquoi ?

Parce que ce geste est associé à la honte.

Parce qu'il est perçu comme infantile, sale, incontrôlé.

Parce qu'il donne l'impression d'un manque de maîtrise de soi.

Alors on cache ses mains. On les glisse dans les poches. On évite les poignées de main. On choisit des vernis foncés, des faux ongles, des manucures réparatrices. On maquille le symptôme pour continuer à fonctionner socialement, sans jamais interroger ce qu'il signifie.

L'onychophagie est ainsi devenue un comportement paradoxal : extrêmement fréquent, mais profondément silencieux.

Pas un caprice, pas une faiblesse

Il est essentiel de poser cela clairement, dès le début : se ronger les ongles n'est ni un caprice, ni un manque de maturité, ni une absence de volonté.

Si c'était simplement une question de discipline, personne ne se rongerait les ongles après l'ultime tentative d'arrêt. Si c'était un défaut de caractère, il disparaîtrait avec l'âge, l'intelligence ou la réussite sociale. Or, on trouve des onychophages parmi les enfants comme parmi les adultes brillants, organisés, responsables, exigeants avec eux-mêmes. Ce geste persiste précisément parce qu'il remplit une fonction.

Il apaise. Il canalise. Il détourne l'attention. Il offre un soulagement - bref, mais réel.

Et tout comportement qui apaise tend à se répéter, surtout lorsqu'aucune autre stratégie n'a été apprise.

Entre le cerveau et les doigts

L'onychophagie n'est pas un acte réfléchi. Elle naît dans les circuits automatiques du cerveau. Elle surgit avant même que la pensée ait le temps de formuler : « Je suis stressé », « Je suis tendu », « Je n'en peux plus ». Les doigts entrent en action quand l'émotion n'a pas encore trouvé de mots. Ils prennent le relais.

C'est pourquoi tant de personnes disent : « Je ne m'en rends même pas compte. » ou : « Je réalise après coup ». Ce n'est pas de la mauvaise foi. C'est le signe d'un automatisme profondément ancré. Comprendre cela change tout, car on ne combat pas efficacement ce qui échappe à la conscience.

Ce que ce premier chapitre vous invite à comprendre

Avant de chercher à arrêter, avant de vouloir corriger, remplacer, contrôler. Il est nécessaire de changer de regard. Sur le geste, d'abord. Sur vous-même, ensuite.

Sur ce que votre corps tente de faire, souvent sans votre accord conscient, mais rarement sans raison. L'onychophagie n'est pas une ennemie à abattre, ni un défaut à éradiquer.

C'est un signal que quelque chose, à l'intérieur, cherche à se réguler.

Une méthode que le corps a trouvé, un jour, un moyen de tenir quand l'émotion devenait trop intense, trop diffuse, trop difficile à contenir autrement. Comprendre cela est fondamental, car ce geste n'existe pas isolément.

Il s'inscrit dans un ensemble beaucoup plus vaste de comportements par lesquels le corps tente de se calmer, de se protéger, de survivre à une surcharge émotionnelle. Certains sont visibles, d'autres presque imperceptibles. Certains sont socialement tolérés, d'autres violemment stigmatisés. Mais tous répondent à la même logique profonde.

Avant d'explorer pourquoi ce geste apparaît chez vous, avant d'identifier dans quelles conditions il se déclenche, avant de comprendre quelle fonction il remplit dans votre équilibre intérieur, il est indispensable d'élargir le cadre. De sortir de l'isolement dans lequel on l'enferme trop souvent.

De la replacer dans cette grande famille de gestes silencieux par lesquels le corps parle quand les mots manquent.

C'est ce détour qui rendra la suite possible. C'est cette compréhension globale qui évitera de remplacer un geste par un autre, une contrainte par une nouvelle violence contre soi. Car on n'apprend pas à s'apaiser autrement tant que l'on n'a pas compris ce que l'on cherche à apaiser.

Les chapitres suivants ne parleront donc pas seulement des ongles.

Ils parleront de ces gestes invisibles qui ont tous la même origine : une tentative de soulagement.

Ce n'est qu'en regardant cette réalité en face que nous pourrons, ensuite, avancer vers des réponses plus douces, plus conscientes, plus durables.

Si vos doigts ont « appris à se ronger », ce n'est pas parce qu'ils vous trahissent, mais parce qu'ils ont, un jour, tenté de vous apaiser. Et ce que le corps a appris pour survivre, il peut aussi apprendre à le transformer.

Chapitre 2 : Quand la douleur cherche une sortie

Il existe des comportements dont on parle peu. Non pas parce qu'ils sont rares, mais parce qu'ils dérangent. On les fait en cachette, on les minimise, on évite même de les nommer, y compris pour soi.

Se ronger les ongles est souvent la première porte d'entrée vers ce territoire. Mais il ne vient jamais seul. Il fait partie d'une famille silencieuse, vaste, méconnue, et pourtant immensément répandue : celle des comportements par lesquels le corps tente de soulager une souffrance intérieure devenue trop intense.

Ces gestes-là ne cherchent pas la destruction. Ils cherchent l'apaisement. Une constellation de gestes invisibles :

Se mordiller les lèvres jusqu'à les faire saigner.

Gratter la peau jusqu'aux plaies, puis revenir arracher les croûtes, encore et encore, empêchant toute cicatrisation.

S'arracher les cheveux, parfois un par un, parfois par poignées, parfois jusqu'à les porter à la bouche.

Se pincer, se faire mal volontairement, créer une douleur physique pour faire taire une douleur émotionnelle trop envahissante.

Se scarifier pour transformer une souffrance diffuse, insupportable, en une douleur précise, localisée, contrôlable.

Ces gestes n'ont pas de nom unique. On les appelle parfois trichotillomanie, excoriation, dermatillomanie, automutilation. Des mots froids, cliniques, qui tentent de ranger dans des cases ce qui déborde. Mais pour celles et ceux qui les vivent, ce sont simplement les gestes qui restent quand tout le reste a échoué. Quand les mots ne sortent pas, quand les larmes ne coulent plus, quand la nuit dure trop longtemps. Ce sont des prières muettes adressées à un dieu qui n'écoute pas. Des lettres écrites sur sa propre peau.

Le nombre de personnes concernées est immense. Et pourtant, ces comportements restent largement invisibles.

Ils se déroulent loin des regards. Sous les manches longues. Derrière les cheveux attachés. Dans les salles de bain, les chambres, les moments de solitude.

Ils touchent des zones du corps que l'on cache facilement - et une honte que l'on cache encore mieux. Chacun pense être le seul monstre. Chacun ignore que des milliers d'autres partagent la même souffrance.

Ce que ces gestes ont en commun

À première vue, ces comportements semblent très différents. Pourtant, leur logique est la même. Quand la souffrance intérieure devient trop forte, trop floue, trop envahissante, le corps cherche une issue. Il cherche une sensation capable de court-circuiter l'intensité émotionnelle.

La douleur physique a une particularité précieuse : elle est immédiate, elle est localisée, elle a un début, une fin, un endroit précis.

Contrairement à la douleur psychique, qui déborde, envahit, ne se laisse ni saisir ni contenir, la douleur physique est tangible. Elle donne l'illusion parfois réelle - d'un contrôle retrouvé.

Ces gestes ne sont pas des appels à l'aide théâtraux. Ce sont des stratégies de survie. Des tentatives, souvent désespérées, pour rester debout quand l'intérieur menace de s'effondrer.

Auto-mutilation : un mot qui fait peur

Le mot auto-mutilation choque. Il fait peur. Il évoque l'extrême.

Alors on réserve ce terme aux formes les plus visibles, les plus spectaculaires, les plus difficiles à ignorer. Mais cette frontière est trompeuse.

Il existe une continuité entre se ronger les ongles jusqu'au sang, arracher la peau jusqu'à la plaie, s'arracher les cheveux, et se scarifier. La différence n'est pas dans l'intention, mais dans la forme. Le besoin, lui, est identique. Créer une sensation suffisamment forte pour étouffer ce qui fait trop mal à l'intérieur.

Hiérarchiser ces gestes, décider lesquels seraient « graves » et lesquels seraient « acceptables », revient à nier la souffrance de ceux qui les vivent.

Il n'y a pas de petite auto-violence. Il n'y a que des degrés de détresse différents - et des moyens appris pour y faire face.

Pourquoi ces gestes persistent

Ces comportements fonctionnent. C'est précisément pour cela qu'ils s'installent. Ils soulagent, même brièvement. Ils apaisent le système nerveux, ramènent le corps dans l'instant présent et détournent l'attention de la tempête intérieure. Et tout ce qui soulage, naturellement, tend à se répéter.

Le problème n'est donc pas une faiblesse de la personne, mais l'efficacité temporaire du geste. Tant qu'aucune autre stratégie n'est disponible, le corps revient à celle qu'il connaît, presque automatiquement. Ce n'est pas un choix conscient. C'est un réflexe.

Ce que le corps essaie de faire

Il est essentiel de comprendre ceci : le corps ne cherche pas à se détruire. Il cherche, au contraire, à s'autoréguler.

Ces gestes apparaissent souvent chez des personnes sensibles, anxieuses, perfectionnistes, très exigeantes envers elles-mêmes. Des personnes qui tiennent longtemps, parfois trop longtemps, jusqu'à ce que quelque chose finisse par déborder. Alors, le corps prend le relais. Il invente un geste, comme une issue, une manière de relâcher la pression quand il n'y a plus d'autre voie.

Et tant que cette fonction n'est pas reconnue, tant que la souffrance intérieure reste sans mots, le geste persiste, parfois même en changeant de forme. Car lorsqu'on empêche un comportement sans en comprendre le rôle, le corps en trouve un autre.

Ce chapitre n'est pas là pour inquiéter

Il est là pour ouvrir le regard, sortir l'onychophagie de son isolement et la replacer dans une réalité plus vaste, profondément humaine.

Comprendre ces comportements ne signifie pas les encourager, mais leur enlever leur pouvoir silencieux.

Ce livre ne cherche ni à classer, ni à étiqueter, ni à pathologiser à outrance. Il cherche à comprendre ce que le corps tente d'exprimer lorsqu'il ne dispose pas d'un autre langage.

Dans les chapitres suivants, nous verrons comment apprivoiser d'autres formes d'apaisement, comment offrir au corps des alternatives plus douces, plus respectueuses et plus durables. Mais avant d'aller plus loin, il est essentiel de poser ceci clairement :

Ces gestes ne sont pas des ennemis. Ce sont des signaux d'alarme.

Et derrière chacun d'eux se cache une souffrance qui mérite d'être entendue, non étouffée.

Chapitre 3 : Pourquoi ce geste apparaît

Se ronger les ongles n'arrive jamais par hasard, même lorsque cela en donne l'impression. Derrière ce geste automatique, il existe toujours une logique cohérente. Le corps n'agit jamais « pour rien » : il réagit, il compense, il cherche à retrouver un équilibre avec les moyens dont il dispose.

Comprendre pourquoi ce geste apparaît, c'est cesser de se battre à l'aveugle et commencer à percevoir ce qui se joue réellement sous la surface.

L'anxiété et le stress : quand la tension déborde

Le lien entre onychophagie et anxiété est l'un des plus fréquents - et pourtant, il reste souvent mal compris.

Le stress n'est pas toujours perceptible. Il n'est pas forcément associé à une crise, à une panique, à un événement dramatique. Il peut être diffus, chronique, installé. Une pression constante. Une vigilance permanente. Une sensation de devoir tenir, encore, toujours.

Dans ces états-là, le système nerveux reste en alerte. Le corps est prêt à réagir, mais il n'a nulle part où décharger cette énergie. Alors il invente un geste. Un mouvement répétitif. Une stimulation sensorielle. Quelque chose qui donne l'illusion d'une décharge.

Se ronger les ongles agit alors comme une soupape. La morsure, la pression, parfois la douleur légère, recentrent l'attention sur le corps. Pendant quelques secondes, l'agitation intérieure s'apaise.

Ce soulagement est bref, mais suffisant pour que le cerveau l'enregistre comme une solution.

Les comportements compulsifs : quand le geste rassure

Ce type de fonctionnement est fréquent chez les personnes très exigeantes envers elles-mêmes, perfectionnistes, ou habituées à tout maîtriser. Le geste devient alors un moyen de gérer l'intolérable : l'imperfection, l'incertitude, l'attente.

Ce n'est pas anodin si beaucoup disent : « Je m'y mets surtout quand je réfléchis » ou « Quand je ne peux rien faire, mes doigts prennent le relais. »

L'ennui et la concentration : quand le vide devient insupportable

Contrairement à une idée répandue, on ne se ronge pas les ongles uniquement quand on va mal. Beaucoup le font dans des moments neutres : devant un écran, en réunion, en voiture, en regardant un film.

L'ennui n'est pas l'absence d'activité. C'est l'absence de stimulation suffisante.

Pour certains cerveaux, le silence intérieur est difficile à tolérer. Il crée une agitation, une sensation de flottement. Se ronger les ongles apporte alors une stimulation minimale mais constante, un ancrage, un point fixe.

Chez d'autres, le geste accompagne au contraire des moments de forte concentration. Il aide à maintenir l'attention, à canaliser l'énergie mentale. Les doigts travaillent pendant que l'esprit réfléchit.

Dans ces cas-là, l'onychophagie n'est ni un signe de mal-être évident, ni une détresse manifeste. C'est un outil inconscient de régulation. C'est pourquoi il est souvent plus efficace de ne pas chercher à supprimer le geste, mais à le remplacer. Un objet tactile discret, comme une bague à faire tourner, peut jouer ce rôle. Il offre une stimulation continue, mobilise les mains sans attirer l'attention et remplit la même fonction d'ancrage, sans abîmer les ongles.

Les habitudes inconscientes : quand le corps apprend tout seul

L'onychophagie commence souvent très tôt. D'abord, par l'imitation : un enfant voit un adulte se ronger les ongles. Puis le geste s'installe, se transforme : un adolescent découvre qu'il apaise le trac, un étudiant l'associe à la concentration, un adulte l'utilise pour faire face à la pression du quotidien.

À force de répétition, le cerveau n'a plus besoin d'y penser. Il déclenche le geste automatiquement, dès que la situation s'y prête. Le lien est créé, profondément ancré. C'est pour cela que tant de personnes disent : « Je ne m'en rends compte qu'après. » Le corps a appris avant la conscience. **Et ce qui a été appris sans conscience ne peut pas être défait par la seule volonté.**

Comprendre avant d'agir

Il n'existe pas une cause unique à l'onychophagie, mais plutôt un ensemble de mécanismes qui s'entremêlent au fil du temps. Le stress, bien sûr, mais aussi l'habitude, le besoin de stimulation, la difficulté à traverser certaines émotions, ou encore une stratégie apprise trop tôt et jamais réellement remise en question.

C'est précisément pour cela que les solutions universelles échouent si souvent. Ce qui fonctionne pour l'un peut rester sans effet pour l'autre.

Comprendre ce « pourquoi ? » est essentiel. Sans cette étape, on ne fait que déplacer le problème : on empêche un geste, et un autre apparaît.

Dans le chapitre suivant, nous verrons comment transformer cette prise de conscience en véritable point d'appui et départ. Comment apprendre à observer le geste sans se juger, reconnaître ses déclencheurs personnels et commencer à retrouver une forme de liberté, sans violence ni lutte permanente contre soi-même.

Car on ne se libère pas d'un comportement en le combattant. On s'en libère en comprenant ce qu'il tente de faire pour nous, puis en lui offrant, progressivement, de meilleures alternatives.

Chapitre 4 : Le cerveau qui cherche à se calmer

Avant d'explorer les mécanismes neurologiques, il est essentiel de prendre un peu de recul. De revenir en amont, bien avant l'âge adulte, avant que la volonté n'entre en jeu, et même avant que le geste ne devienne conscient.

La bouche, les mains et les premières stratégies d'apaisement

Dès les premiers mois de la vie, l'être humain dispose de très peu de moyens pour se calmer. Il n'a pas encore les mots, ni la pensée structurée, ni la capacité de se rassurer seul par le raisonnement. Il n'a que son corps, ses sensations, et quelques réflexes archaïques profondément inscrits dans son système nerveux.

Parmi ces premières voies d'apaisement, deux zones jouent un rôle central : la bouche et les mains.

Chez le nourrisson, la succion ne sert pas uniquement à se nourrir. Elle est aussi un mécanisme majeur de régulation émotionnelle. Sucer calme, organise, ralentit. Le rythme se pose. Le corps se détend. La tension baisse. La succion est l'un des tout premiers moyens par lesquels un être humain apprend à revenir vers un état de sécurité.

Mais tous les enfants ne s'apaisent pas de la même manière.

Avec le temps, on observe que certains enfants semblent trouver leur réconfort principalement dans la succion : tétine, pouce, objet porté à la bouche. D'autres, au contraire, se calment surtout par la manipulation : tenir un doudou, palper un tissu, serrer une peluche, frotter une étiquette, malaxer un objet entre les doigts. Pour ces enfants-là, le contact tactile, la répétition du geste, la pression dans les mains suffisent à créer un sentiment de sécurité.

Ces préférences ne sont pas des catégories rigides. Beaucoup d'enfants utilisent les deux. Mais chez certains, une voie devient dominante. Et cette voie n'est pas anodine.

Ces objets - tétine, pouce, doudou - ne sont ni des caprices ni des faiblesses éducatives. Ils sont ce que la psychologie du développement appelle des objets ou gestes de transition : des supports qui permettent à l'enfant de réguler son système émotionnel face à la séparation, à la fatigue, à la frustration, ou au moment délicat de l'endormissement.

Autrement dit, très tôt, le corps apprend comment se calmer.

Avec le développement, ces stratégies sont censées évoluer, se transformer, devenir plus symboliques. L'enfant apprend peu à peu à se rassurer autrement : par la parole, la pensée, la relation, l'imaginaire. Mais il arrive que certaines de ces voies premières restent particulièrement efficaces pour le système nerveux. Particulièrement familières et accessibles.

C'est ici qu'apparaît une hypothèse - prudente, non démontrée scientifiquement, mais largement observée sur le terrain : les modalités d'apaisement privilégiées très tôt pourraient influencer la manière dont une personne cherchera à se calmer plus tard dans sa vie.

Certaines personnes semblent conserver un besoin marqué de stimulation orale pour s'apaiser : porter les doigts à la bouche, mordiller, fumer, mâcher, grignoter. D'autres trouvent davantage de réconfort dans l'activité des mains : manipuler, tripoter, presser, tirer, gratter.

Il ne s'agit pas d'un déterminisme. Il ne s'agit pas de dire qu'un enfant à la tétine deviendra onychophage ou fumeur.

La science ne permet pas d'affirmer un lien de causalité directe.

Mais il est cohérent de penser que le cerveau, ayant identifié très tôt une voie efficace pour retrouver le calme, puisse y revenir plus tard lorsque le stress, l'ennui ou la surcharge émotionnelle dépassent les capacités de régulation conscientes.

D'ailleurs, plus loin dans ce livre, une éducatrice spécialisée partage son expérience de terrain auprès d'enfants en situation de handicap ou présentant des retards de développement : elle montre comment la manipulation d'objets aux formes, textures et résistances variées est utilisée comme outil central pour détourner certains enfants de gestes auto-agressifs, notamment le rongement des ongles, en revenant vers cette voie première de régulation par les mains - une voie qui reste particulièrement efficace chez ces enfants-là, parce que l'écoute corporelle, l'élan sensoriel et l'innocence du geste y demeurent très présents, malgré l'âge.

Dans ce cadre, se ronger les ongles peut être compris non comme une régression infantile, mais comme une réactivation d'un ancien chemin d'apaisement, profondément inscrit dans le corps. Un chemin connu. Automatique. Immédiatement disponible.

Cette lecture ne banalise pas le geste. Elle ne le justifie pas. Mais elle le déculpabilise. Elle rappelle qu'avant d'être un problème à résoudre, ce geste a été - à un moment donné - une solution.

Quand un geste devient une réponse

Une idée revient souvent, avec une apparente logique : « Si je veux arrêter, il suffit que je me contrôle. » Elle donne l'impression de rigueur, de bon sens. Pourtant, elle est trompeuse.

Elle repose sur l'idée que l'onychophagie est un choix conscient. Or, dans la grande majorité des cas, le geste naît ailleurs, dans une zone du cerveau qui ne demande pas l'autorisation. Une zone qui ne raisonne ni en termes de morale, ni en termes de volonté, mais en termes de soulagement.

Se ronger les ongles n'est pas une faiblesse morale. C'est le plus souvent une réponse automatique de régulation. Lorsqu'une tension apparaît, qu'elle soit émotionnelle, cognitive ou sensorielle, le cerveau cherche une issue rapide. S'il a déjà identifié un geste efficace, il l'active sans attendre.

Le cerveau ne se demande pas si le geste est approprié. Il se demande simplement s'il apaise.

Le circuit du soulagement

Dans les comportements répétitifs centrés sur le corps, le mécanisme reste étonnamment constant. Une tension apparaît, un inconfort s'installe, puis le geste surgit. Et avec lui, une diminution, parfois très brève, de cette tension. Même fugace, ce soulagement suffit. Le cerveau l'enregistre rapidement, surtout en situation de stress. Il établit un lien direct entre le geste et l'apaisement ressenti.

Peu à peu, une boucle se met en place : la tension appelle le geste, le geste apporte un soulagement. Cette boucle est simple, sensorielle, facile à activer. Les mains sont disponibles, la bouche aussi, et la sensation est immédiate. Dans un moment où tout semble échapper au contrôle, cette sensation-là, elle, reste accessible et maîtrisable.

Même la légère douleur a sa fonction. Elle recentre, capte l'attention, et remplace une tension diffuse, envahissante, difficile à cerner, par une sensation nette, localisée, concrète. Elle ramène le corps dans l'instant présent.

Rien de tout cela n'est le fruit du hasard. C'est un mécanisme d'adaptation, profondément inscrit dans le fonctionnement du corps.

Habitude, compulsion, dissociation

Toutes les formes d'onychophagie ne se ressemblent pas, et les comprendre suppose de reconnaître les différents états dans lesquels le geste peut apparaître.

Chez certaines personnes, il s'installe comme une simple habitude. Il surgit dans des moments bien précis : devant un écran, en voiture, pendant un film, au téléphone. Il accompagne l'attention sans vraiment la perturber, comme un fond discret, presque intégré au décor du quotidien.

Chez d'autres, le geste prend une toute autre intensité. Il devient une compulsion. La tension est là, palpable, le besoin s'impose avec clarté, et résister demande un véritable effort. Le geste apporte un soulagement, parfois immédiat, mais de courte durée, car l'envie revient, fidèle, presque insistante.

Et puis il existe des moments plus troublants, que beaucoup reconnaissent sans toujours pouvoir les expliquer. On commence sans y penser, « juste un peu », … puis, sans vraiment s'en rendre compte, quelque chose échappe. Le temps passe sans qu'on le voie. On revient à soi après coup, comme après une absence. Les doigts sont abîmés, et on ne sait plus vraiment quand tout a commencé.

Ces épisodes correspondent à des états de conscience abaissée, proches d'une forme légère de dissociation. Ce n'est ni de la négligence, ni un manque de volonté. C'est un fonctionnement automatique qui s'installe et prend le relais, comme si le corps agissait sans attendre l'accord de l'esprit.

Lorsqu'une personne dite : « je ne m'en rends même pas compte », elle ne cherche pas à se justifier. Elle décrit, avec ses mots, un phénomène réel.

Pourquoi la volonté seule échoue

La volonté n'arrive pas en premier. Elle intervient souvent trop tard.

Elle se manifeste après le déclencheur, après la montée de la tension, parfois même alors que le geste a déjà commencé. À ce moment-là, reprendre le contrôle devient difficile, comme si l'on tentait de freiner une voiture déjà en train de glisser. L'intention est là, mais la maîtrise n'est plus vraiment possible.

Pour retrouver un véritable contrôle, il faut intervenir plus tôt, avant que le mécanisme ne se mette en place. Et cela suppose de comprendre comment il fonctionne.

C'est là que les approches uniquement basées sur l'interdiction montrent leurs limites. Elles stoppent le geste, en apparence, mais ne remplacent pas ce qu'il apportait. Le cerveau se retrouve sans solution pour gérer la tension. Et un cerveau sans solution à portée de main finit toujours par en créer une autre.

Ce chapitre n'est pas encore celui des techniques

Il prépare le terrain. L'idée essentielle est simple : si tu te ronges les ongles, ce n'est pas un manque de volonté. C'est le résultat d'un mécanisme que ton cerveau a appris. Il a identifié ce geste comme une manière rapide de faire baisser la tension, et il y revient dès qu'il en ressent le besoin.

Tant que cette fonction n'est pas comprise, tant qu'aucune autre façon de s'apaiser n'est mise en place, le geste continue. Parfois il diminue, parfois il change de forme, mais il ne disparaît pas vraiment.

La suite du chemin commence avec la prise de conscience. Apprendre à reconnaître les déclencheurs, à repérer les moments où tout commence, là où une action devient possible. Non pas pour lutter contre soi, ni pour se contrôler à tout prix, mais pour se donner une autre manière de répondre.

Une manière plus douce, plus consciente, et surtout plus respectueuse de ce que le corps essaie de faire.

Chapitre 5 : Les anciens et nouveaux gestes d'apaisement - Handspinners, scrolling et cerveau moderne

Pendant longtemps, les comportements d'apaisement passaient presque inaperçus. Se ronger les ongles, mordiller un stylo, tirer sur une mèche de cheveux ou tripoter nerveusement un objet faisaient partie de ces petits gestes considérés comme des manies sans importance, presque banales.

Notre époque a vu apparaître une multitude de gestes et d'habitudes qui remplissent exactement la même fonction : calmer le système nerveux, occuper l'attention et détourner momentanément l'esprit de la tension intérieure.

Le plus frappant, c'est que ces comportements ne concernent plus seulement quelques personnes anxieuses ou stressées. Ils sont devenus collectifs.

Le cerveau moderne semble désormais chercher en permanence des micro-décharges émotionnelles et sensorielles pour supporter l'excès de stimulation, de pression, d'ennui ou parfois simplement le vide intérieur.

L'onychophagie n'est donc pas un comportement isolé. Elle appartient à une immense famille de comportements d'auto-régulation qui traversent aujourd'hui toute la société.
Pour comprendre cela, il suffit de se rappeler une étrange manie collective qui a envahi le monde il y a quelques années : le handspinner.

Cet objet, appelé aussi fidget spinner, est apparu à la fin des années 1990. Selon l'histoire la plus souvent racontée, il aurait été imaginé par une Américaine cherchant un moyen d'apaiser et de calmer sa fille autiste grâce à un objet simple, répétitif et sensoriel. Pendant longtemps, cet objet est resté relativement discret avant d'exploser soudainement à l'échelle mondiale.

Au printemps 2017, les cours de récréation françaises se remplissent de handspinners. Des millions d'enfants, d'adolescents et même d'adultes se mettent à faire tourner ce petit objet entre leurs doigts pendant des heures. Le phénomène paraît anodin, presque amusant. Pourtant, derrière cette mode mondiale se cache quelque chose de beaucoup plus révélateur.
Car au fond, pourquoi un objet aussi simple a-t-il provoqué un tel engouement collectif ?

Pourquoi autant de personnes ont-elles immédiatement ressenti le besoin de manipuler, tourner, faire glisser et répéter ce geste encore et encore ?

Le succès du handspinner raconte quelque chose de très profond sur notre époque. Il montre à quel point le cerveau humain cherche en permanence des moyens de régulation rapides, accessibles et sensoriels. Le mouvement répétitif calme, occupe les mains, canalise l'agitation intérieure et donne au cerveau une micro-stimulation continue qui aide certaines personnes à se concentrer, à patienter, à supporter l'ennui ou à diminuer une tension diffuse.

Et ce besoin ne concerne pas uniquement les enfants. Il traverse toute la société. Avec le temps, le handspinner a pratiquement disparu, mais le besoin, lui, est resté. Il a simplement changé de forme.

Parce que cet objet répondait déjà à quelque chose de profondément présent chez beaucoup de personnes : le besoin de réguler une tension intérieure. Le mouvement répétitif apaise, la stimulation tactile recentre, le rythme calme le système nerveux et les mains occupées permettent au cerveau de relâcher une partie de sa pression.

Le handspinner n'a donc pas créé ce besoin. Il l'a simplement rendu visible.

Aujourd'hui, le handspinner a presque disparu, mais notre société n'a jamais cessé de chercher des objets capables d'occuper les mains et l'attention.

Le grand outil moderne d'auto-apaisement tient désormais dans la poche : le smartphone.
Scroller est devenu l'un des gestes les plus répandus de notre époque. Le mot est même entré dans Le Petit Robert en 2020. Littéralement, il signifie « faire défiler ». Et c'est exactement ce que nous faisons chaque jour : faire glisser sans fin le contenu d'un écran, souvent sans même nous en rendre compte.

Au départ, le geste paraît banal. Pourtant, psychologiquement, il remplit des fonctions extrêmement puissantes. Scroller permet d'éviter le vide mental, d'anesthésier une anxiété diffuse, de détourner l'attention des émotions désagréables, de créer une micro-stimulation continue et d'empêcher le retour au silence intérieur. Il aide aussi à réguler l'ennui, l'attente ou la surcharge émotionnelle.

Le cerveau moderne vit sous une sollicitation permanente. Notifications, vidéos courtes, messages, images, sons, informations : l'attention est constamment capturée.
Et paradoxalement, plus le cerveau est stimulé, plus il semble devenir incapable de supporter l'absence de stimulation. Alors il cherche des micro-décharges partout : dans un écran, dans un mouvement du doigt, dans une nouvelle vidéo, dans un nouvel objet à manipuler ou dans une nouvelle stimulation sensorielle.
Il existe d'ailleurs une autre forme d'auto-apaisement extrêmement répandue, mais rarement perçue comme telle : le grignotage automatique.

Avez-vous déjà vécu cette scène ? Vous vous installez devant un film avec l'idée très raisonnable de ne prendre qu'une poignée de chips, quelques cacahuètes ou quelques biscuits. Le paquet est posé à côté de vous. Vous commencez à regarder l'écran. Votre main plonge une première fois, puis une deuxième, puis une troisième… sans que vous y prêtiez réellement attention.
Quelques minutes plus tard, le film continue, mais le paquet, lui, est vide.
Et le plus surprenant, c'est que vous ne gardez presque aucun souvenir du moment où vous l'avez terminé. Vous savez qu'il est vide, mais vous êtes incapable de dire à quel moment vous avez

mangé le contenu, ni même si vous en avez réellement apprécié le goût.

Comme pour le scrolling, le cerveau est entré dans une forme de pilotage automatique. L'attention est captée par le film tandis que la bouche, les mains et les sensations prennent le relais. Chaque bouchée apporte une micro-stimulation sensorielle, un léger plaisir, une occupation de la bouche et une succession de petites récompenses qui apaisent momentanément le système nerveux.

Ce n'est souvent ni la faim qui guide le comportement, ni même l'envie de savourer un aliment. C'est le besoin de maintenir une stimulation continue. La bouche devient, elle aussi, un outil de régulation émotionnelle.
Ce phénomène est particulièrement fréquent chez les personnes qui utilisent déjà la bouche comme moyen d'apaisement : se ronger les ongles, mordiller un stylo, mâcher du chewing-gum, fumer, ou grignoter sans véritable faim répondent souvent à une logique commune. Le cerveau a appris qu'occuper la bouche procure un soulagement rapide, même s'il est temporaire.

L'objectif n'est évidemment pas de considérer que toutes ces habitudes sont identiques ni qu'elles ont les mêmes conséquences. Mais elles illustrent un mécanisme partagé : lorsqu'une tension intérieure apparaît, le cerveau cherche spontanément une action simple, répétitive et immédiatement accessible pour retrouver un sentiment de calme.

L'onychophagie s'inscrit souvent dans cette grande famille de comportements d'« auto-apaisement par la bouche ». Chez certaines personnes, elle prendra la forme du grignotage ; chez d'autres, du tabac, du chewing-gum ou des ongles. Ce qui change, c'est le geste. Ce qui reste remarquablement stable, c'est la fonction qu'il remplit : apaiser, quelques instants, un cerveau qui cherche à retrouver son équilibre.

Le handspinner n'est d'ailleurs qu'un exemple parmi beaucoup d'autres. Chaque jour, notre société semble inventer de nouveaux objets destinés à occuper les mains, détourner l'attention ou calmer le système nerveux : bagues rotatives, balles anti-stress, objets tactiles, Pop It, slime, stylos que l'on clique sans arrêt, chewing-gums, bracelets manipulés nerveusement, jeux mobiles répétitifs, tricot, objets à malaxer ou pierres lisses frottées entre les doigts.

Tous ces comportements appartiennent à la même logique profonde : le cerveau cherche une stimulation, un rythme et une occupation sensorielle capables de réduire momentanément la tension intérieure.
Certains de ces gestes deviennent même socialement valorisés. Personne ne s'inquiète vraiment d'un adulte qui fait défiler son téléphone pendant deux heures. Personne ne considère le scrolling compulsif comme une forme d'auto-régulation émotionnelle.

Et pourtant, neurologiquement, ce geste partage souvent les mêmes racines que d'autres comportements répétitifs centrés sur le corps. C'est ici qu'apparaît quelque chose de profondément paradoxal. Se ronger les ongles reste perçu comme un comportement honteux, immature ou incontrôlé, alors que passer des heures à scroller sans s'en rendre compte est devenu parfaitement normal.
Pourtant, dans les deux cas, le cerveau cherche souvent exactement la même chose : une diminution rapide de la tension intérieure.
La différence ne se situe donc pas toujours dans le mécanisme lui-même, mais dans la manière dont la société regarde le comportement. Certains gestes sont tolérés, d'autres sont cachés. Certains paraissent modernes, d'autres gênants. Pourtant, derrière eux, on retrouve parfois exactement la même tentative d'apaisement.

Cela ne signifie pas que tous les comportements ne se valent ni qu'ils aient les mêmes conséquences. Cela signifie simplement que le cerveau humain fonctionne selon des mécanismes de régulation beaucoup plus universels qu'on ne le pense.
Il est également essentiel de comprendre que tous les gestes répétitifs ne sont pas forcément destructeurs. Certains peuvent même servir de passerelle vers des formes d'apaisement plus douces et moins agressives pour le corps.

Manipuler un objet tactile, faire tourner une bague, dessiner, tricoter, malaxer une balle anti-stress, respirer en rythme ou utiliser un objet sensoriel peuvent parfois aider le cerveau à réguler la tension sans passer par l'auto-agression.

Le problème n'est donc pas uniquement le geste lui-même. Il apparaît surtout lorsque ce geste devient automatique, envahissant, indispensable ou destructeur, autrement dit lorsqu'il devient la seule stratégie de régulation disponible.

Comprendre cela change profondément le regard porté sur l'onychophagie.
Ce comportement n'est plus un défaut étrange, isolé ou incompréhensible. Il s'inscrit dans une réalité beaucoup plus large : celle d'un cerveau humain qui cherche continuellement à supporter la surcharge émotionnelle, sensorielle et attentionnelle de la vie moderne.

Notre époque entière semble fatiguée nerveusement. Elle cherche des moyens rapides de soulager l'agitation intérieure, et chacun développe, consciemment ou non, ses propres stratégies. Certains scrollent, certains mangent, certains fument, certains manipulent des objets et d'autres se rongent les ongles.

Le mécanisme profond reste pourtant souvent le même : retrouver, pendant quelques secondes, une sensation de calme, de contrôle ou d'apaisement.
Et comprendre cela est essentiel, parce qu'à partir de ce moment-là, le regard change. La honte commence à diminuer. Le geste cesse d'être perçu comme une faiblesse morale pour devenir ce qu'il a souvent été depuis le début : une tentative maladroite, mais profondément humaine, de calmer un cerveau sous tension.

Chapitre 6: La prise de conscience - reprendre la main avant le geste

Dans tout changement durable, il existe un moment clé. Il ne correspond pas à l'arrêt du geste, ni à l'effort pour résister, ni même à la réussite. Il se situe ailleurs. Il commence au moment où l'on voit.

Voir ce qui se passe réellement. Reconnaître quand tout démarre. Percevoir comment le corps se met en mouvement, parfois bien avant que la conscience n'entre en jeu. Tant que ce geste échappe à l'intention de celui qui le produit, il reste opérant, continue d'agir et conserve toute sa force.

Avant le geste, il se passe toujours quelque chose

Même lorsque l'onychophagie semble apparaître sans raison, elle est presque toujours précédée par un état intérieur particulier. Ce n'est pas forcément une émotion clairement identifiable, ni un stress évident. Parfois, c'est plus subtil : une agitation diffuse, une légère tension, une sensation de flottement, de fatigue, d'impatience ou simplement de vide.

Ces signaux sont discrets, et c'est justement pour cela qu'ils passent souvent inaperçus.

Le cerveau, lui, les enregistre très bien. Avant même que les doigts ne montent à la bouche, le système nerveux a déjà fait son travail : quelque chose est inconfortable, il faut rétablir l'équilibre, et une solution familière est disponible. Alors le corps agit.

La plupart des personnes ne prennent conscience de ce qui se passe qu'après coup. Elles remarquent le geste une fois qu'il est fait, constatent les dégâts, ressentent de la culpabilité, et se promettent d'arrêter.

Mais le moment décisif se situe juste avant, dans cet intervalle très court, parfois de quelques secondes, où le geste n'a pas encore commencé. C'est dans cet espace-là qu'il faut agir.

Sortir du jugement pour entrer dans l'observation

La prise de conscience n'est pas une forme de surveillance. Elle ne consiste pas à traquer l'erreur ni à se contrôler en permanence. C'est une manière d'être.

Il s'agit d'observer sans juger, de constater sans commenter, de regarder ce qui se passe comme on regarderait un phénomène naturel, sans y ajouter de tension.

Tant que le geste est lié à la honte, l'attention devient dure, presque agressive. Elle fatigue, elle met sous pression, et cette pression finit par nourrir exactement ce que l'on cherche à éviter.

À l'inverse, une observation calme ouvre un espace. Il ne s'agit plus de se dire : « Encore une fois, je recommence », mais plutôt : « Tiens, voilà ce moment. » Ce changement de regard, simple en apparence, marque déjà un véritable tournant.

Identifier ses déclencheurs personnels

Il n'existe pas de déclencheurs universels. Il n'y a que les vôtres.

Chez certaines personnes, le geste apparaît surtout dans des situations précises : lorsqu'il y a du stress ou de la pression, dans les moments d'attente, face à l'ennui, pendant une phase de concentration, le soir quand la fatigue s'installe, ou encore dans des contextes sociaux inconfortables.

Pour d'autres, il est davantage lié à un état intérieur : une émotion difficile comme la colère, la tristesse ou la frustration, une surcharge mentale, une exigence personnelle trop élevée ou un besoin de contrôle. Souvent, plusieurs de ces éléments se mêlent.

Le travail de prise de conscience consiste simplement à repérer ces schémas au fil du temps, sans chercher à tout analyser, ni à tout comprendre immédiatement.

Une question suffit pour commencer : « Dans quel état étais-je juste avant ? » Pas « pourquoi ai-je fait ça ? », mais plutôt « comment je me sentais, juste avant ? »

Le rôle du corps dans la prise de conscience

Beaucoup de personnes cherchent à comprendre avec la tête ce qui se joue dans le corps. Pourtant, le processus va souvent dans l'autre sens. Avant de penser, le corps ressent. Avant de comprendre, il envoie des signaux.

La prise de conscience passe donc par une attention plus fine aux sensations corporelles : une tension dans les épaules, une mâchoire qui se serre, une respiration plus courte, une agitation dans les mains, un besoin de bouger, une impression de trop-plein ou, au contraire, de vide.

Ces signaux sont précieux, car ils précèdent le geste.

L'espace entre l'impulsion et l'action

On a souvent l'impression que l'impulsion surgit sans laisser de place, comme si elle imposait immédiatement le geste. Pourtant, il existe presque toujours un très court intervalle. Parfois il ne dure qu'une seconde, mais il est là.

Cet espace, c'est la conscience. Même minime, il suffit. Il ne s'agit pas encore de faire autrement, simplement de ne pas réagir tout de suite.

Retarder le geste, même légèrement, permet de sortir du mode automatique. Le cerveau est comme surpris, et la boucle se trouve interrompue, ne serait-ce qu'un instant.

C'est dans cet instant que d'autres possibilités peuvent être utilisées.

Pourquoi cette étape est essentielle

Beaucoup de personnes veulent aller directement vers les solutions, le techniques, les stratégies. C'est naturel. Mais sans cette étape de conscience, ces solutions restent superficielles. Elles sont appliquées de l'extérieur, sans vraiment toucher ce qui se joue en profondeur.

La prise de conscience évite de remplacer une contrainte par une autre Elle permet de sortir d'une logique de lutte pour entrer dans une compréhension plus juste. Peu à peu, la relation au geste change. Et avec elle, la relation à soi.

À partir de là, l'onychophagie n'est plus un ennemi insaisissable. Elle devient un signal que l'on peut reconnaître, un message que l'on peut commencer à entendre.

Dans le chapitre suivant, nous verrons comment intervenir concrètement dans cet espace. Comment proposer au corps des alternatives qui respectent sa logique, ses besoins et son rythme. Non pas pour le forcer à changer, mais pour lui montrer qu'il existe d'autres façons de s'apaiser.

Pas à pas, sans violence, sans honte. Et maintenant que vous voyez le rituel, voici comment y intervenir en douceur.

Partie II : AGIR

Chapitre 7 : Déjouer le rituel - intervenir sans se faire violence

On commence à comprendre qu'arrêter de se ronger les ongles ne consiste pas simplement à supprimer un geste, mais à transformer un rituel.

Ce que l'on appelle une « habitude » est en réalité une suite très précise d'étapes, un enchaînement que le corps connaît par cœur. Tant que ce rituel reste intact, le geste revient, même si le contexte change.

Déjouer ce rituel ne consiste donc pas à lutter contre soi, mais à intervenir au bon moment, avec justesse, là où le mécanisme peut réellement se transformer.

Le rituel ne se limite pas au geste.

Quand on parle d'onychophagie, on se concentre presque toujours sur ce qui se voit, le moment où les doigts arrivent à la bouche. Pourtant, ce n'est que la dernière étape d'un processus déjà engagé.

En amont, il y a d'abord un état intérieur, une tension, de la fatigue, de l'ennui ou une surcharge. Puis apparaît une impulsion, un besoin de soulagement. Le corps se met alors en mouvement, souvent sans que l'on s'en rende compte : le geste visible ne vient qu'ensuite. Agir uniquement à ce stade revient à intervenir trop tard, comme si l'on essayait d'arrêter quelque chose déjà en train de se produire.

Le travail consiste donc à remonter en amont, là où le rituel commence réellement.

Repérer son propre rituel

Chaque personne a le sien. Pour certains, tout commence par un regard : on observe ses ongles, on remarque une aspérité, une irrégularité, une petite gêne. Le cerveau repère alors quelque chose à corriger.

Pour d'autres, c'est plus corporel : une agitation dans les mains, un besoin de bouger, une sensation de trop-plein. Les doigts cherchent une occupation, sans que l'idée de se ronger les ongles soit encore là.

Pour d'autres encore, le point de départ est émotionnel : une montée d'anxiété, une frustration, une attente qui s'étire, un moment de solitude. Le geste apparaît alors comme une réponse presque automatique.

Il n'y a pas de bon ou de mauvais rituel. Il y a le vôtre. Et le reconnaître, c'est déjà commencer à le dénouer.

Pourquoi interdire ne fonctionne pas

Beaucoup de stratégies classiques reposent sur l'interdiction : vernis amer, pansements, gants, promesses fermes, auto-surveillance constante. Ces méthodes peuvent aider, mais souvent seulement un temps. Elles empêchent le geste, sans répondre à ce qui le déclenche.

Le cerveau se retrouve alors face à une impasse : la tension est toujours là, la solution habituelle est bloquée, et aucune autre n'est proposée.

La tension monte, et le geste finit par revenir dès que la contrainte disparaît, ou bien il se déplace vers un autre comportement.

Déjouer, ce n'est pas supprimer

Déjouer le rituel ne veut pas dire le faire disparaître d'un coup. Il s'agit plutôt de le détourner, de le ralentir, de le transformer. L'objectif n'est pas encore d'arrêter définitivement, mais de créer une petite ouverture dans l'automatisme, même minime.

Parfois, il suffit de changer un détail : modifier la position des mains, introduire un objet intermédiaire, ralentir le mouvement ou déplacer l'attention.

Le cerveau est très sensible à ces variations. Dès que la séquence ne se déroule plus exactement comme d'habitude, l'automatisme perd en force.

Le timing : intervenir tôt

Plus l'intervention se fait tôt dans le rituel, plus elle reste douce. Au tout début, un léger déplacement suffit parfois : poser les mains sur les cuisses, croiser les doigts, saisir un objet. À ce moment-là, le corps est encore souple. Plus on attend, plus cela demande d'effort.

C'est là que la prise de conscience devient essentielle : elle permet d'agir avant que le geste ne soit vraiment enclenché. Il ne s'agit pas de réussir à chaque fois, mais d'augmenter peu à peu le nombre de moments où l'on intervient plus tôt qu'avant.

Substituer sans punir

La substitution est souvent mal comprise. Ce n'est ni un gadget, ni un cache-misère. C'est une réponse fonctionnelle. Si le geste sert à occuper les mains, à créer une stimulation sensorielle, à apaiser une tension ou à recentrer l'attention, alors la substitution doit répondre au même besoin, et non à une idée abstraite de ce qu'il faudrait faire.

C'est pour cela que certaines solutions fonctionnent très bien pour certains et pas du tout pour d'autres.

Manipuler un objet peut convenir à ceux pour qui l'apaisement passe par les mains. Mâcher, sucer ou porter quelque chose à la bouche peut aider lorsque l'oralité est importante. Bouger, presser, respirer peut être plus adapté pour d'autres.

Il n'existe pas de solution universelle. Il existe des réponses adaptées à chacun. Et plus la substitution respecte la logique du geste initial, plus elle est naturellement acceptée par le cerveau.

Laisser le corps apprendre autrement

Déjouer le rituel ne se fait pas en une seule fois. C'est un apprentissage.

Au début, le cerveau résiste. Il réclame l'ancienne solution. Puis, progressivement, il découvre qu'il existe d'autres façons de faire, que le soulagement peut venir autrement, que la tension peut retomber sans passer par la morsure. Ce processus prend du temps, et c'est normal. Un automatisme installé depuis des années ne disparaît pas en quelques jours. Mais chaque petite modification du rituel compte. Le cerveau apprend, et ce qu'il apprend finit par s'ancrer.

Ce chapitre n'est pas encore celui de la disparition du geste. Pas encore. Ici, il s'agit simplement d'ouvrir une porte, de montrer que le geste n'est pas une fatalité, qu'il n'est pas tout-puissant. Avançons ensemble, pas à pas. Faisons ce travail.

Chapitre 8 : La honte silencieuse - Image de soi, mains cachées, vie sociale et professionnelle

Il existe une souffrance dont on parle très peu, justement parce qu'elle ne se voit pas. Elle ne s'impose pas, ne laisse pas de traces évidentes, et pourtant elle est là, présente au quotidien, constante, parfois même épuisante : c'est la honte.

Chez les personnes qui se rongent les ongles, cette honte n'est pas un simple effet secondaire du geste. Elle s'exprime à travers un dialogue intérieur presque continu, fait de remarques qui, répétées, finissent par peser : « ce n'est pas présentable », « je devrais avoir honte », « à mon âge, ce n'est pas normal », « si quelqu'un voyait mes mains… ».

Ce qui la rend encore plus difficile à porter, c'est qu'elle est souvent minimisée, autant par la personne elle-même que par l'entourage. Parce que « ce n'est pas grave », parce que ce n'est pas considéré comme un vrai problème, il devient difficile d'en parler. Et peu à peu, un écart se crée entre ce qui est vécu à l'intérieur et ce qui est perçu de l'extérieur. Cet écart isole. Il enferme dans un silence profond.

Les mains cachées : un langage corporel de la honte

Très tôt, beaucoup de personnes prennent l'habitude de cacher leurs mains. Dans les poches, sous la table, dissimulées sous les manches ou derrière un objet, ce geste devient presque automatique, au point de ne plus être vraiment conscient.

Et pourtant, les mains jouent un rôle essentiel dans la communication. Elles accompagnent la parole, soutiennent l'expression des émotions, participent à la relation avec l'autre. Les retirer du regard, c'est déjà modifier la manière d'être en lien.

Peu à peu, cela se traduit par un retrait plus global. On s'efface légèrement dans l'échange, on réduit sa présence, on occupe moins d'espace, parfois sans même s'en rendre compte. Ce mouvement finit par s'inscrire dans le corps. La voix devient plus discrète, les gestes se font plus rares, la manière d'être se resserre.

La honte ne se limite donc pas à l'apparence des mains. Elle influence la façon dont on se tient, dont on s'exprime, et plus largement, la place que l'on s'autorise à prendre dans le monde.

Image de soi : quand le regard devient intérieur

Avec le temps, le regard des autres finit par s'installer à l'intérieur. Même seul, sans témoin, on continue de se voir à travers ce filtre : « mes mains sont laides », « elles disent quelque chose de moi ». Ce regard nourrit peu à peu une forme d'auto-critique, une dévalorisation et un sentiment de « ne pas être tout à fait à sa place ».

Chez certaines personnes, les mains finissent même par représenter le symbole d'un échec plus global, comme si elles révélaient quelque chose de plus profond, de plus difficile à accepter. « Si je n'arrive même pas à arrêter ça, qu'est-ce que ça dit de moi ?»

La honte dépasse alors largement la question des ongles. Elle touche à l'estime de soi, à la confiance, à la légitimité.

Vie sociale : anticiper, éviter, s'adapter

La honte silencieuse agit aussi comme une force d'évitement. Certaines situations du quotidien deviennent peu à peu sources de tension : serrer une main, prendre un verre, manger en public, ou simplement s'exposer à un commentaire, même anodin.

Le regard de l'autre est anticipé, la remarque redoutée, la question imaginée avant même qu'elle n'existe. Alors, sans toujours s'en rendre compte, on commence à éviter certaines situations ou à s'y adapter.

On choisit ses vêtements en fonction de ce que l'on veut cacher, on modifie ses gestes, on limite les contacts. Tout devient légèrement calculé, ajusté, contrôlé.

À la longue, cette adaptation constante fatigue. Elle mobilise de l'énergie, alourdit les interactions et entretient l'idée qu'il y a quelque chose à dissimuler.

Vie professionnelle : une gêne rarement nommée

Dans le monde professionnel, la honte liée aux mains prend une dimension particulière, parce que les mains y sont constamment exposées : en réunion, dans les métiers de contact, dans les professions de soin, d'esthétique ou de vente, ou des échanges du quotidien.

Pour certaines personnes, cette exposition devient une source de stress récurrent. Elles craignent d'être perçues comme négligées, immatures ou peu professionnelles. Même si ces jugements ne sont jamais formulés, leur simple possibilité suffit à créer une tension.

Le cercle vicieux honte - tension - geste

Voici un point central.

La honte n'est pas seulement une conséquence de l'onychophagie, elle en devient aussi un facteur de maintien. Le mécanisme est simple : le geste entraîne de la honte, cette honte crée une tension, cette tension appelle un apaisement, et le geste revient. Ce cercle s'installe facilement et fonctionne avec une grande efficacité.

Tant que la honte n'est pas reconnue comme faisant partie du problème, on continue à agir sur les conséquences sans toucher à ce qui les alimente réellement.

Pourquoi la honte est si difficile à dissoudre

La honte est une émotion profondément sociale. Elle naît du regard de l'autre, réel ou imaginé, et s'installe comme une évidence intérieure : quelque chose en moi n'est pas acceptable.

C’est pour cela qu’elle résiste si mal aux arguments rationnels. Se dire « ce n’est pas grave » ou « tu devrais t’en moquer » ne suffit pas à la faire disparaître, parce qu’elle ne relève pas de la logique.

Elle se transforme autrement, plus lentement, à travers la compréhension de ce qui se joue, la reconnaissance de ce qui est ressenti, la capacité à mettre des mots, et une forme de réparation intérieure.

Et surtout, elle commence à s’alléger lorsque le regard posé sur le geste change.

Déplacer le regard : du défaut à la fonction

Un basculement important se produit lorsque l’on comprend que ce geste n’est pas un défaut de caractère, mais une stratégie d’adaptation. À partir de là, le sentiment de la honte commence à s’apaiser.

Les mains cessent peu à peu d’être perçues comme une preuve de faiblesse. Elles deviennent le reflet d’un parcours, d’une manière de faire face, d’une tentative de régulation.

Ce changement de regard marque souvent un véritable point de départ dans le processus de transformation.

Sortir du silence

Parler de la honte, la nommer, la reconnaître, c’est déjà lui enlever une partie de sa force. Ce livre est aussi là pour cela : mettre des mots là où, pendant longtemps, il n’y avait que du silence. La honte se nourrit du silence. La compréhension l’affaiblit, et lorsque le regard change, le geste commence enfin à perdre son emprise.

Chapitre 9 : Le cercle vicieux émotionnel

Soulagement - culpabilité - renforcement du geste

Ce chapitre est l'un des plus importants de ce livre.

Il met en lumière le mécanisme central qui maintient tant de personnes dans l'onychophagie pendant des années, parfois toute une vie, même lorsqu'elles ont compris le problème, essayé d'arrêter et sincèrement voulu changer. Ce mécanisme est simple et redoutablement efficace.

Le moment du soulagement : la fausse victoire.

Tout commence presque toujours par une tension. Elle peut être émotionnelle, mentale ou corporelle. Stress, anxiété, colère, frustration, surcharge mentale, agitation, ennui ou fatigue... peu importe sa forme, elle s'installe. Puis vient le geste, souvent sans décision consciente. La main monte vers la bouche presque toute seule. Et immédiatement après apparaît quelque chose de très important : le soulagement, parfois discret, presque imperceptible, mais bien réel. Le corps se détend légèrement, la pression baisse, le cerveau relâche momentanément sa vigilance. C'est précisément ce soulagement qui rend le geste si puissant.

Du point de vue du cerveau, une équation commence à s'inscrire : tension, geste, apaisement. Et le cerveau est programmé pour retenir ce qui apaise rapidement.

Le cerveau apprend... très bien

Sur le plan neurobiologique, ce moment de soulagement agit comme une récompense. Le cerveau libère de la dopamine, parfois des endorphines, et enregistre l'information essentielle : « Cela m'a aidé à me sentir mieux. » Le cerveau ne juge pas. Il ne se demande pas si le comportement est esthétique, logique ou raisonnable. Il constate simplement qu'une tension a diminué.

Même si le geste abîme les doigts, même s'il provoque de la honte ensuite, il reste associé à une baisse immédiate de l'inconfort. Et tout comportement qui soulage est un comportement que le cerveau cherche à conserver. Peu à peu, le geste devient automatique, rapide et difficile à interrompre.

Une journée ordinaire

Imaginez une personne au travail. La matinée est chargée. Les mails s'accumulent, le téléphone sonne, une remarque désagréable arrive. La tension monte. Sans même s'en apercevoir, elle commence à mordiller un ongle. Quelques secondes plus tard, elle ressent un léger soulagement.

Puis elle regarde sa main. L'ongle est abîmé. Et immédiatement surgissent les pensées : « Encore… », « Mais qu'est-ce qui ne tourne pas rond chez moi? », « C'est ridicule à mon âge ! ». Le soulagement a disparu. La culpabilité prend sa place. Et cette culpabilité crée à son tour une nouvelle tension. Le soir, devant la télévision, le cerveau cherchera de nouveau à s'apaiser avec l'outil qu'il connaît déjà.

L'arrivée de la culpabilité

Après le soulagement, un second temps apparaît. La conscience revient. Et avec elle, la culpabilité, la honte, parfois même le dégoût de soi. Certaines phrases reviennent sans cesse : « Je suis incapable d'arrêter », « Je manque de volonté », « Je suis trop faible », « Tout le monde y arrive sauf moi ».

Ce moment est souvent plus douloureux que le geste lui-même. L'apaisement initial se transforme en regret, parfois en véritable souffrance émotionnelle.

Quand la culpabilité devient du carburant

C'est ici que le piège se referme. La culpabilité n'est pas une émotion neutre. Elle tend le corps, contracte les muscles, augmente le stress et alourdit l'esprit. Autrement dit, elle recrée exactement ce que le geste venait d'apaiser : de la tension.

Le mécanisme devient alors circulaire. Le geste soulage une tension. La culpabilité en crée une autre. Le cerveau cherche à nouveau à s'apaiser et retourne vers la solution qu'il connaît déjà. Le cercle est bouclé : tension, geste, soulagement, culpabilité, nouvelle tension, geste. Ce n'est pas un manque de volonté. C'est une boucle émotionnelle qui s'auto-entretient.

Chez les enfants aussi

Prenons l'exemple d'un enfant qui a passé une mauvaise journée à l'école. Une dispute avec un camarade, une remarque d'un enseignant ou un contrôle stressant. Dans la voiture du retour, il commence à se ronger les ongles. Le geste le calme un peu.

Puis un parent remarque ses doigts : « Arrête immédiatement ! » ou « Regarde dans quel état tu mets tes mains ! ». L'enfant ressent alors de la peur et la honte. Et cette honte augmente son malaise. Quelques heures plus tard, lorsqu'il se retrouvera seul dans sa chambre, le besoin de recommencer sera souvent encore plus fort. Non parce qu'il est désobéissant, mais parce que la tension a augmenté.

Pourquoi se raisonner ne fonctionne pas

Beaucoup de personnes tentent de sortir de ce cercle grâce à la logique. Elles se répètent : « Cela ne sert à rien », « C'est absurde », « Je dois me contrôler ». Le problème est que la logique intervient après le déclenchement du mécanisme. Or tout se joue en amont : dans le corps, dans les émotions et dans le système nerveux.

Le cerveau émotionnel ne répond pas aux arguments. Il répond à la diminution de la tension. C'est pour cette raison que les promesses tiennent rarement longtemps. C'est aussi pour cela que la culpabilisation échoue si souvent.

Le rôle central de l'auto-attaque

Chez beaucoup de personnes, la culpabilité finit par se transformer en auto-attaque. On se critique, on se juge, on se parle avec une dureté que l'on n'utiliserait jamais envers un proche. Pourtant cette violence intérieure est l'une des sources de tension les plus puissantes qui existent.

Plus on se maltraite psychologiquement, plus le terrain devient favorable au geste. Le corps tente alors d'éteindre cet inconfort émotionnel et utilise l'outil qu'il connaît déjà.

Le premier secours émotionnel après un épisode

Lorsqu'un épisode d'onychophagie survient, essayez plutôt cette séquence simple. Remarquez ce qui vient de se passer. Prenez trois respirations lentes. Ne vous critiquez pas. Observez ce qui a déclenché le geste. Prenez soin de vos mains si nécessaire. Puis poursuivez votre journée.

Cette réaction peut sembler anodine. Pourtant, elle modifie profondément le fonctionnement du cercle. Elle empêche la culpabilité de prendre toute la place et réduit la tension qui alimente habituellement le comportement.

Briser le cercle : là où tout commence vraiment

Contrairement à ce que beaucoup imaginent, sortir de cette boucle ne consiste pas à supprimer immédiatement le geste. Le point d'entrée se situe souvent ailleurs, au niveau de la culpabilité.

Lorsque celle-ci est remplacée par une lecture plus juste - « Mon corps a cherché à s'apaiser » - ou simplement par une observation neutre - « C'est arrivé » -, la tension post-geste diminue. Et lorsque la tension diminue, le besoin du geste diminue lui aussi. C'est souvent le premier levier réel du changement durable.

Une bascule essentielle : de la faute au signal

Le changement s'approfondit lorsque le geste cesse d'être perçu comme une faute. Il devient alors un signal, un indicateur, une information. Il révèle simplement qu'il existe trop de tension quelque part : trop de fatigue, trop de pression, trop d'émotions accumulées.

À partir de là, il devient possible d'agir autrement. Sur le stress, sur le sommeil, sur l'environnement ou sur les émotions. Sans passer par la violence contre soi.

Ce que ce chapitre veut vous faire comprendre

Si vous vous reconnaissez dans ce cercle, retenez une chose essentielle : ce n'est pas toujours le geste qui vous enferme le plus. Très souvent, c'est la culpabilité qui le suit.

Alléger cette culpabilité ne signifie pas excuser ou abandonner tout changement. Cela signifie désamorcer le mécanisme qui entretient le problème. Tant que chaque épisode est suivi de honte, le cercle se referme. Lorsque la compréhension prend sa place, une autre issue devient enfin possible.

La plupart des personnes pensent que leur ennemi est le rongement des ongles. En réalité, l'adversaire principal est souvent la tension émotionnelle qui l'alimente. Comprendre cela ne fait pas disparaître le problème du jour au lendemain, mais cela change complètement la manière de l'aborder. On cesse de lutter contre soi-même. Et c'est souvent à cet instant précis que le véritable changement commence.

Chapitre 10: Moment décisif – reprendre le contrôle

Journal, déclencheurs, cycles personnels

Ce chapitre marque un tournant décisif. C'est le moment où l'on cesse d'essayer de contrôler le geste pour commencer à comprendre le processus. Et cette bascule change tout. Reprendre le contrôle ne consiste pas à serrer les dents encore plus fort. Cela consiste à voir clair

Pourquoi la prise de conscience est le vrai point de départ

Beaucoup disent : « Je sais très bien que je me fais du mal. »

Mais savoir cela n'est pas la même chose que comprendre quand cela arrive, dans quel état, après quoi, et surtout pour apaiser quoi.

Modifier un geste automatique ne relève pas de la volonté seule. C'est l'attention répétée, posée sans jugement, qui en transforme peu à peu le mécanisme. Tant qu'il est considéré comme un ennemi à faire disparaître, il se dérobe et persiste. Lorsqu'il est observé avec régularité un accès progressif au code qui le sous-tend s'ouvre, permettant de le comprendre.

Du contrôle à l'observation : changer de posture

Deux approches existent : « Je dois arrêter. » ou « Je vais observer ce qui se passe. »

La première crée de la tension. La seconde crée de l'espace. Observer ne signifie pas excuser ni renoncer. C'est se donner des informations fiables. Et sans informations, aucune stratégie ne tient.

Le journal : un outil simple, mais efficace

Tenir un journal n'a rien d'un exercice scolaire. C'est un outil pour comprendre. Il ne s'agit pas d'écrire beaucoup, mais d'écrire avec justesse.

Après un épisode, ou même une envie, quelques questions suffisent : où étais-je, que faisais-je, comment me sentais-je physiquement, quelle émotion était présente, cela s'est-il produit avant, pendant ou après un événement. Pas d'analyse complexe. Juste des faits. Ce simple geste permet de sortir du flou.

Identifier ses déclencheurs réels

Contrairement à une idée répandue, les déclencheurs ne sont pas un vague « stress ». Ils sont souvent précis : un type de tâche, un moment de la journée, une posture, un état corporel, une interaction.

Certains découvrent que le geste apparaît surtout en concentration, dans l'attente, le soir lorsque la fatigue tombe, ou après une interaction tendue. Ce sont ces déclencheurs concrets qui rendent l'action possible.

Les cycles personnels : ce que chacun répète

Avec le temps, un schéma apparaît. Toujours le même, ou presque. Surcharge puis fatigue puis geste. Perfectionnisme puis frustration puis geste. Solitude puis rumination puis geste.

Ces cycles sont personnels. Ils ne révèlent pas une faiblesse, mais une manière de fonctionner. Les voir, c'est déjà commencer à les modifier.

Le moment clé : repérer l'instant avant

La prise de conscience la plus précieuse ne se situe pas pendant le geste, mais juste avant. Cet instant est souvent très bref : une tension dans la mâchoire, une agitation des doigts, un regard qui se pose sur les ongles, une sensation d'urgence.

Plus cet instant devient visible, plus le pouvoir revient. Pas pour interdire, mais pour choisir.

Pourquoi cette étape redonne réellement du contrôle

Le contrôle durable ne vient pas de la contrainte. Il naît de la prévisibilité. Lorsque vous savez ce qui déclenche, quand cela arrive et comment cela commence, le geste cesse d'être une surprise. Et ce qui n'est plus une surprise devient modifiable.

Attention au piège du journal parfait

Certains transforment le journal en source de pression : tout noter, tout comprendre, trouver rapidement « la cause ». C'est inutile, et souvent contre-productif. Le journal n'est pas là pour expliquer toute votre vie. Il sert à repérer des constantes.

Quelques lignes suffisent. Ce qui compte, c'est la régularité.

Quand la conscience remplace la surveillance

À ce stade, quelque chose change. Vous ne surveillez plus vos mains. Vous reconnaissez des signaux. La différence est essentielle. La surveillance est crispée et contre-productive. La conscience est lucide et servira à vous aider. Et c'est cette lucidité qui ouvre la voie à un changement durable.

Ce que ce chapitre veut vous transmettre

Reprendre le contrôle ne signifie pas devenir rigide. Plus vous connaissez vos cycles, moins vous êtes à leur merci. Cette connaissance n'est pas seulement intellectuelle. Elle est vécue, répétée, intégrée.

On ne change pas ce que l'on combat à l'aveugle. On transforme ce que l'on apprend à reconnaître, sans se juger.

Chapitre 11 : Apaiser la cause, calmer le système nerveux

Déjouer le rituel est une étape essentielle, mais elle ne suffit pas à elle seule. Lorsque l'onychophagie s'installe comme une stratégie de soulagement, elle réapparaît dès que le cerveau ne perçoit plus d'autre issue. Il est possible de détourner le geste, de ralentir la séquence, de gagner quelques secondes précieuses. Pourtant, tant que la tension interne reste élevée, le besoin d'un « bouton stop » continue de s'imposer.

Le véritable tournant survient au moment où « la lutte contre les doigts » cesse, non pas par abandon, mais parce qu'un autre apprentissage commence : celui d'apaiser ce qui, en amont, pousse les mains vers la bouche. C'est là que s'ouvre le travail de fond, celui qui consiste à agir sur la cause plutôt qu'à contenir uniquement le symptôme.

Ce qui se joue ici dépasse largement la simple volonté. Lorsque les ongles sont rongés, l'impression peut être celle d'un acte conscient, presque choisi. En réalité, il s'agit le plus souvent d'une réponse du système nerveux qui cherche à retrouver un équilibre.

Le corps fonctionne en permanence selon deux dynamiques complémentaires. L'une est tournée vers l'activation : elle mobilise l'énergie, maintient la vigilance, accélère le rythme intérieur. L'autre est orientée vers l'apaisement : elle permet de ralentir, de récupérer, de revenir à un état plus stable. L'onychophagie apparaît fréquemment lorsque l'activation devient excessive, trop intense ou trop prolongée. Le cerveau, alors, cherche une régulation rapide, immédiate, disponible. Il utilise ce qui est à portée de main.

Ce chapitre n'est pas une parenthèse de bien-être. Il s'inscrit dans une logique de stratégie. Il ne s'agit pas de devenir calme en apparence. L'enjeu est ailleurs : à rendre le cerveau moins dépendant de l'onychophagie pour retrouver un apaisement.

Deux écueils apparaissent souvent à ce stade. Le premier consiste à vouloir faire disparaître le geste sans agir sur l'état intérieur qui le provoque. C'est comme neutraliser une alarme sans traiter ce qui l'a déclenchée. Le second est de penser qu'il faut des solutions complexes, longues à mettre en place, ou parfaitement exécutées. Or le cerveau ne recherche pas la perfection. Il s'adapte à la répétition.

Un outil simple, utilisé régulièrement, a bien plus d'impact qu'un dispositif élaboré appliqué de manière ponctuelle. L'objectif est de construire progressivement une véritable « boîte à apaisement », suffisamment fiable pour devenir, dans les moments de tension, une réponse plus naturelle que le geste de morsure.

Outil 1 : Respirer lentement pour changer la chimie du moment

La respiration fait partie des rares leviers immédiatement accessibles, sans matériel, sans préparation, sans avoir à se justifier auprès de qui que ce soit. Elle accompagne chaque instant, mais elle peut aussi devenir un outil précis, capable d'influencer directement l'état intérieur.

Lorsque le souffle est rapide et superficiel, il entretient l'activation du corps. À l'inverse, lorsqu'il ralentit et s'approfondit, il envoie un message clair au système nerveux : le niveau d'alerte peut diminuer. Ce n'est pas une idée abstraite. De nombreux travaux ont étudié les effets de la respiration lente volontaire, notamment à travers la variabilité de la fréquence cardiaque, souvent utilisée comme indicateur de l'équilibre du système autonome. Un rythme respiratoire plus lent, généralement autour de cinq à six respirations par minute dans certains protocoles, est associé à une meilleure capacité de régulation.

Concrètement, cela ne fait pas disparaître l'émotion. Mais cela en modifie l'intensité. Le corps se met en état d'alerte plus bas, et lorsque cette pression diminue, l'envie de se ronger les ongles perd en urgence.

Un protocole simple suffit pour amorcer ce basculement. Il s'agit d'inspirer pendant quatre secondes, puis d'expirer pendant six secondes, et de répéter ce cycle une dizaine de fois. Si ce rythme paraît difficile au départ, il peut être ajusté, par exemple en trois secondes d'inspiration et quatre secondes d'expiration. L'essentiel n'est pas la précision du comptage, mais la régularité du signal envoyé au corps.

Avec le temps, ce type de respiration devient un repère. Mais son efficacité dépend surtout du moment où il est utilisé. C'est au début du rituel, lorsque la tension commence à monter, que ce geste discret peut réellement changer la suite.

Outil 2 : Relaxation musculaire progressive - quand le corps lâche, le geste diminue

Beaucoup de personnes essaient de s'arrêter par un effort mental. Mais l'onychophagie ne part pas seulement d'une pensée. Elle s'enracine souvent dans une tension corporelle discrète, presque invisible : mâchoire serrée, épaules remontées, ventre contracté, mains crispées.

La relaxation musculaire progressive, souvent associée à Jacobson, repose sur un principe simple : apprendre au corps à reconnaître la différence entre tension et relâchement, puis lui redonner l'habitude de se détendre. Des travaux récents confirment son intérêt. Une synthèse publiée en 2024 met en évidence des effets positifs sur le stress, l'anxiété et la dépression chez l'adulte, avec une efficacité encore renforcée lorsqu'elle est associée à d'autres approches.

Des recherches plus anciennes allaient déjà dans ce sens, en soulignant son utilité dans les troubles anxieux. Ce que cela change concrètement dans l'onychophagie : quand le corps apprend à relâcher la pression de façon régulière, le cerveau n'a plus autant besoin de passer par un geste de décharge. La tension globale diminue. Et avec elle, l'envie de se ronger les ongles commence, doucement, à perdre sa place.

Protocole express (3 minutes)

– serrez fort les poings 5 secondes, relâchez 10 secondes (3 fois)

– remontez les épaules vers les oreilles 5 secondes, relâchez 10 secondes (3 fois)

– serrez la mâchoire 3 secondes, relâchez et laissez la bouche s'entrouvrir 10 secondes (3 fois)

Ce petit rituel simple permet au geste de s'installer, de revenir naturellement, de se répéter sans effort, jusqu'à devenir un réflexe presque automatique, porté simplement par l'attention.

Outil 3 - Le mouvement : décharger l'énergie au bon endroit

Il existe une tension qu'on ne peut pas évacuer par un simple effort mental. Une tension qui s'accumule dans le corps, une agitation qui cherche une issue. Si elle ne sort pas par les jambes, les bras, le souffle, elle finit par passer par les doigts.

L'activité physique fait partie des outils les plus solides pour réduire les manifestations de l'anxiété, avec des méta-analyses récentes montrant des effets anxiolytiques significatifs. Il ne s'agit pas forcément de faire du sport au sens classique.

Si vous avez la possibilité, c'est évidemment bénéfique pour la santé et le moral. Mais parfois, la réalité est différente. On fait avec la vie que l'on a. Et dans ce cadre, quelques minutes peuvent suffire à faire la différence. Marcher d'un pas soutenu, monter et descendre des escaliers, bouger les bras, s'activer même assis, faire quelques mouvements sur une chaise.

Le corps a besoin de mouvement pour se réguler et relâcher ce qui s'accumule.

Trois formes de mouvement qui aident vraiment (et qui n'exigent pas une salle)

1. Marche rapide - 10 minutes

Assez courte pour être intégrée facilement dans la journée, mais suffisamment soutenue pour modifier l'état interne.

Elle permet de faire redescendre la tension, d'activer la respiration et de détourner l'énergie accumulée avant qu'elle ne passe par les doigts.

2. Mouvement fractionné - 2 minutes

– 30 secondes de course ou de pas rapides

– 30 secondes de respiration plus lente

– répéter 4-6 fois

Ce format alterne activation et apaisement. Il aide à "vider" le trop-plein d'énergie, puis à stabiliser le système nerveux juste après.

3. Micro-activation discrète

– monter et descendre les talons 30 fois

– serrer puis relâcher les cuisses

– étirer les doigts et les avant-bras

Ces gestes peuvent se faire presque partout, sans attirer l'attention.

Ils offrent une sortie immédiate à la tension, surtout dans les moments où l'envie monte et où bouger pleinement n'est pas possible. Le message envoyé au cerveau reste le même : l'énergie circule et s'évacue par le corps, pas par la morsure. Plus ce message est répété, plus le corps l'intègre comme une nouvelle voie possible.

Et peu à peu, le geste perd son rôle, parce qu'il n'est plus nécessaire.

Outil 4 - Sommeil : l'accélérateur secret des compulsions

Quand le sommeil est de mauvaise qualité, ce n'est pas seulement une question de fatigue. Ce qui change surtout, c'est la façon dont le corps et le cerveau gèrent les tensions.

Plus le manque de sommeil s'installe, plus la régulation émotionnelle devient difficile. Les réactions sont plus rapides, plus intenses, et l'inconfort prend plus de place. Dans cet état, il devient beaucoup plus compliqué de résister aux automatismes : la patience diminue, la tolérance baisse, et les gestes réflexes apparaissent plus facilement, presque sans passer par la réflexion.

Il ne s'agit pas de viser un sommeil parfait ou de tout contrôler. Mais certains repères simples peuvent déjà changer beaucoup de choses. Se lever à une heure régulière permet au corps de retrouver un rythme, même si les soirées varient.

Réduire la lumière en fin de journée aide progressivement le système nerveux à ralentir. Et lorsque les pensées tournent en boucle au moment de se coucher, les écrire permet de les sortir de la tête, de les poser quelque part, pour ne plus avoir à les porter en permanence.

Ce sont des ajustements simples, mais ils ont un effet réel. Parce qu'en améliorant le sommeil, même légèrement, on réduit directement les moments où le cerveau, fatigué et débordé, cherche une solution rapide pour faire baisser la tension - et où les compulsions prennent le relais.

Chapitre 12 : Le plan d'urgence pour les moments à risque

Chez beaucoup de personnes, l'onychophagie apparaît dans des moments de saturation. Trop de bruit, trop d'écrans, trop de sollicitations, trop de choses à gérer en même temps. Dans cet état, le cerveau cherche une issue simple et rapide : un geste répétitif, prévisible, qui donne une sensation de contrôle. Et souvent, ce geste passe par les doigts.

La réponse ne se joue pas uniquement à l'intérieur. Elle se construit aussi dans l'environnement.

Deux leviers peuvent déjà modifier profondément la situation. Le premier consiste à repérer les moments où les mains sont sans activité - les temps d'attente, les écrans passifs, les périodes creuses. Ce sont des zones à risque. Les identifier permet d'anticiper, et donc de réduire fortement l'apparition du geste. Le second levier est d'introduire une alternative claire, prête à l'avance : un objet à manipuler, une action simple, quelque chose que les mains peuvent faire immédiatement. Le cerveau n'a plus à chercher une solution, elle est déjà disponible.

La manipulation d'objets prend alors une véritable fonction. Elle ne relève pas du gadget, mais d'un outil de régulation sensorielle. Elle permet de canaliser l'énergie, d'occuper les mains et, progressivement, de remplacer le geste automatique. Beaucoup de personnes en font l'expérience : passer par les mains apaise plus efficacement que passer par la bouche. Cela correspond à des mécanismes d'autorégulation simples, mais puissants. L'idée est simple : ne pas laisser un vide. Donner au corps une autre voie.

Lorsque la pression monte plus vite, une autre logique devient nécessaire. Les stratégies les plus efficaces ne sont pas les plus élaborées, mais les plus accessibles. Elles tiennent en quelques gestes, pensés à l'avance, et reposent sur une même dynamique : reconnaître le début de la montée, interrompre le geste dès qu'il s'amorce, puis orienter le corps vers une autre forme de décharge.

Ces réponses n'ont pas vocation à tout résoudre. Elles ne remplacent pas un travail de fond. En revanche, elles permettent d'agir au moment précis où la boucle se met en place. Et c'est cette capacité à intervenir dans l'instant qui, répétée, transforme progressivement les automatismes.

Car le geste suit presque toujours le même chemin. Il y a un déclencheur, parfois à peine perceptible. Puis le geste lui-même. Et enfin un apaisement, même bref, qui renforce le comportement. Intervenir à cet endroit-là change toute la dynamique.

Dans les moments où les mains deviennent disponibles, les occuper immédiatement permet déjà de modifier le cours des choses. Les poser à plat sur une surface stable, puis leur donner une action simple - tenir un objet, manipuler une matière, exercer une pression douce - suffit souvent à détourner le geste. Ce qui importe, ce n'est pas l'objet en lui-même, mais le fait que les mains ne restent pas vides.

Lorsque l'intensité est plus forte, le corps répond mieux à une sensation claire. Le contact avec le froid, une pression perceptible, une stimulation nette ramènent rapidement l'attention dans le présent et contribuent à faire redescendre la montée. Ce type de réponse agit directement sur le système nerveux, sans passer par une réflexion prolongée.

Dans d'autres situations, la difficulté vient d'une tension qui s'accumule sans trouver d'issue. Introduire un mouvement, même bref, permet de relancer une circulation. Marcher quelques instants, mobiliser les bras, contracter puis relâcher les muscles… la pression diminue parce qu'elle cesse d'être contenue.

Lorsque le geste est très automatique, créer un léger décalage peut suffire. Se donner quelques minutes, poser les mains, respirer, changer brièvement d'activité. Ce temps n'annule pas l'envie, mais il la transforme. Il redonne une marge dans laquelle un choix devient possible.

Certains contextes favorisent particulièrement l'apparition du geste. Les écrans, la lecture ou les temps d'attente laissent les mains sans fonction. Prévoir une alternative dans ces moments précis - un objet à manipuler, une action simple - permet d'éviter que le geste ne s'installe par défaut.

Lorsque certaines zones des mains sont régulièrement attaquées, une protection légère peut également aider. Un pansement, une crème, des ongles courts créent un obstacle suffisant pour ralentir le geste et permettre à une autre réponse d'émerger. Il ne s'agit pas de contraindre, mais d'introduire un point d'appui.

Dans les moments de forte pression, il est souvent inutile de chercher à convaincre ou à expliquer. Une réponse simple, répétée toujours de la même manière, devient plus efficace : poser les mains, ralentir la respiration, engager les doigts dans une autre action. C'est la répétition qui construit la nouvelle habitude.

Enfin, il est important de reconnaître que certaines situations dépassent les ressources disponibles sur le moment. Dans ces cas-là, ne pas rester seul devient une réponse en soi. Contacter quelqu'un, changer d'environnement, s'appuyer sur une présence permet de traverser la montée autrement.

Il n'existe pas de solution unique, parce que les fonctions du geste varient d'une personne à l'autre. Lorsque la tension est physique, les réponses corporelles sont les plus adaptées. Lorsque le geste est automatique, l'occupation des mains et l'organisation de l'environnement deviennent centrales. Lorsque l'émotion est trop intense, le lien avec une autre personne prend toute sa place.

Dans tous les cas, le principe reste le même : ne pas laisser le geste être la seule option.

Il ne s'agit pas de mettre en place un système complexe, mais d'avoir une réponse prête avant que la pression ne monte. Interrompre la boucle suffisamment tôt, redonner une autre voie au corps, et répéter ce processus jusqu'à ce qu'il devienne disponible au bon moment.

Avec le temps, cette disponibilité change l'équilibre. Le geste ancien perd sa fonction, devient moins fréquent, puis moins nécessaire. Et c'est ainsi qu'il commence à s'effacer.

Chapitre 13 : Les techniques comportementales qui déprogramment le geste

Comme nous l'avons déjà dit, le changement commence lorsque l'on apprend à reconnaître précisément comment le geste se déclenche.

Dans cette perspective, l'observation prend une place essentielle. Voir le geste apparaître, sans le dramatiser ni le combattre frontalement, permet de sortir de l'automatisme. On passe alors d'une logique de lutte à une logique d'identification, puis de modification.

C'est là que les techniques comportementales deviennent précieuses, car elles ne reposent pas sur la seule volonté. Elles s'appuient sur un principe plus solide : le cerveau change lorsque l'on modifie la séquence, au bon moment, de manière répétée.

Dans les troubles de type BFRB (comportements répétitifs centrés sur le corps), l'approche la mieux étayée depuis des décennies est ce qu'on appelle l'entraînement au renversement d'habitude, plus connu sous le nom Habit Reversal Training (HRT).

Mais il existe aussi des versions plus personnalisées (comme ComB), des outils complémentaires (contrôle des stimuli), et des approches modernes qui ajoutent une dimension essentielle : l'acceptation des émotions au lieu de la lutte (ACT).

Je vais les présenter dans une logique simple : d'abord la colonne vertébrale (HRT), ensuite l'ajustement sur mesure (ComB), puis les renforts (stimulus control, ACT, auto-suivi intelligent).

1. HRT : le cœur de la réprogrammation

HRT c'est un protocole structuré, utilisé en clinique, et reconnu comme une approche efficace pour les BFRB (comportements répétitifs centrés sur le corps), dont l'onychophagie. Le principe est simple : on ne supprime pas une habitude, on la remplace, au moment exact où elle commence, par une réponse incompatible avec le comportement à changer.

HRT repose sur quatre piliers. Leur formulation varie selon les écoles, mais la structure reste stable :
A. L'entraînement à la conscience
B. La réponse concurrente
C. Le soutien et le renforcement
D. La généralisation, c'est-à-dire l'intégration dans la vie réelle

Voici une version concrète, adaptée à l'onychophagie.

A. L'entraînement à la conscience

C'est l'étape qui transforme un automatisme en événement repérable.

L'objectif n'est pas seulement de voir la morsure, mais d'identifier le tout début du rituel. On apprend à reconnaître les micro-signes : la main qui monte, l'ongle qu'on inspecte, la dent qui cherche une aspérité, la tension dans la mâchoire, ou cette sensation diffuse, presque irrépressible : « il faut corriger ça ».

Exercice sur trois jours. Pendant ce temps, vous ne changez rien. Vous observez simplement, en utilisant une phrase neutre : « Je commence. »
Puis vous notez trois éléments : le lieu, l'activité et l'émotion ou l'état, même flou, comme la fatigue, l'attente, le vide ou la tension.

Cette étape est centrale. Elle crée un espace de liberté juste avant l'acte.

B. La réponse concurrente

C'est le pivot du protocole. Le geste est remplacé par un geste incompatible, maintenu suffisamment longtemps pour laisser passer l'impulsion.

Une bonne réponse concurrente est physiquement incompatible avec le fait de se ronger les ongles, reste discrète, peut être utilisée partout et se maintient environ une minute.

Plusieurs options fonctionnent très bien.

Les poings doux. Vous fermez les poings sans forcer, vous posez les mains sur les cuisses ou la table et vous maintenez pendant une minute en respirant lentement.

Les doigts en crochet. Vous courbez légèrement les doigts comme si tu tenais une petite balle imaginaire, les mains posées, et vous maintenez cette position pendant une minute. La pression pouce-index. Vous pressez doucement le pouce contre l'index, la main fermée, pendant une minute.

L'objectif n'est pas de résister. Il s'agit de donner au cerveau une autre sortie corporelle, au bon moment.

Les recherches montrent que ce type de protocole peut produire des effets concrets. Par exemple, certaines études chez l'enfant et l'adolescent indiquent que HRT améliore significativement la longueur des ongles par rapport à l'absence d'intervention ou à des approches non structurées. Cela ne signifie pas que manipuler un objet est inutile, mais sans structure, l'effet reste souvent plus limité.

C. Le soutien et le renforcement

L'onychophagie s'accompagne souvent de honte. Or, la honte augmente la tension et alimente le besoin du geste. Le soutien n'est pas un détail, c'est un levier technique.

En pratique, cela peut être une personne de confiance à qui l'on dit simplement « je m'entraîne », une phrase de renforcement après chaque réussite comme « j'ai coupé la boucle », ou un suivi visuel sous forme de calendrier, d'application ou de grille. Le point essentiel est de renforcer l'effort, pas le résultat.

D. La généralisation

C'est l'étape la plus fragile. Beaucoup de personnes réussissent dans un environnement calme, puis perdent leurs repères dans la vie réelle.

La règle est simple. Identifier les trois contextes principaux où le geste apparaît le plus souvent, souvent les écrans, la fatigue du soir ou l'attente et le stress social. Puis préparer à l'avance, pour chacun de ces contextes, une réponse concurrente et une solution de secours immédiatement disponible.

C'est cette anticipation qui permet au protocole de s'ancrer durablement.

1. stimulus control : réduire les occasions, pas se durcir

Le contrôle des stimuli consiste à modifier l'environnement pour rendre le geste moins accessible, moins automatique, moins « à portée de bouche ». Ce n'est pas un manque de volonté. C'est une stratégie intelligente.

Les approches cliniques sur l'onychophagie citent régulièrement le stimulus control et HRT parmi les outils efficaces. L'idée est simple : on ne se durcit pas, on change le terrain. Quelques exemples concrets et efficaces.

Occuper les mains pendant les écrans avec un objet discret, de la couture, du tricot, une balle ou un anneau à manipuler. Garder les ongles courts et bien limés. Moins il y a d'aspérités, moins il y a de déclencheurs sensoriels.

Créer des zones sans ongles. Par exemple, dans la voiture, les mains ne montent pas au visage. On remplace par une action précise, comme tenir un objet.

Utiliser ponctuellement un pansement sur un doigt « dominant » pendant les périodes à risque. Pas comme une punition, mais comme une barrière temporaire.

La logique est toujours la même. Rendre le rituel plus difficile à démarrer, pour laisser à la conscience le temps d'entrer.

2. comb : la version sur mesure, quand HRT ne suffit pas

ComB, pour Comprehensive Behavioral Treatment, repose sur une idée simple. Le même geste peut être déclenché par des mécanismes différents selon les personnes. Le travail consiste donc à adapter la stratégie à ce qui maintient le comportement chez toi.

Cette approche est soutenue par des études cliniques, notamment dans la trichotillomanie, et elle se transpose aux autres BFRB avec des ajustements.

ComB s'appuie souvent sur une grille appelée SCAMP.

S pour sensoriel
C pour cognitif
A pour affectif, c'est-à-dire les émotions
M pour moteur
P pour place, les lieux

L'objectif est de repérer ce qui est dominant chez vous.

Si le facteur est sensoriel, le déclencheur vient d'une aspérité, d'une cuticule, d'une sensation après la douche. On agit en lissant les ongles, en hydratant, en utilisant des gants courts ou des textures alternatives.

Si le facteur est cognitif, il s'agit de pensées comme « il faut corriger », « ce n'est pas net », « je ne supporte pas ça ». On travaille alors sur la tolérance à l'imperfection et sur des phrases qui désamorcent ces automatismes.

Si le facteur est affectif, le geste est lié au stress, à la solitude, à la colère contenue ou à l'anxiété sociale. On introduit des outils émotionnels, comme la respiration, des micro-pauses ou des approches comme l'ACT.

Si le facteur est moteur, les mains ont besoin de bouger. On propose alors des mouvements alternatifs, des objets à manipuler ou des réponses concurrentes plus dynamiques.

Si le facteur est lié au lieu, le geste apparaît toujours dans les mêmes contextes, comme le canapé, le lit, le bureau ou la voiture. On modifie alors ces environnements et on associe chaque lieu à une autre action.

L'avantage majeur de ComB, c'est le changement de regard. On ne se dit plus « je suis nulle ». On comprend que l'on fonctionne selon un système. Et un système, ça se modifie.

Act + comportemental : l'approche moderne pour ne pas remplacer un geste par un autre

Si on coupe un geste sans traiter ce qu'il apaise, autre chose peut prendre sa place.

C'est là que l'ACT, Acceptance and Commitment Therapy, apporte une profondeur particulière. Elle ne cherche pas à supprimer l'émotion. Elle apprend à la traverser sans se faire violence, tout en s'appuyant sur des outils comportementaux.

Des travaux récents décrivent les approches combinant ACT et techniques comportementales comme des modèles prometteurs, notamment dans la trichotillomanie, avec des applications en développement pour d'autres BFRB.

Pourquoi cette approche est pertinente pour l'onychophagie ? Parce que, derrière le geste, il n'y a pas seulement une recherche de stimulation. Il y a souvent une tentative de ne plus ressentir, de changer d'état, de ne pas être submergé.

ACT introduit un déplacement essentiel.
"Je peux ressentir une tension sans obéir à l'impulsion. C'est une bascule intérieure.

Exercice ACT très simple, environ 30 secondes. Quand l'envie apparaît, tu fais une pause.

Vous nommez ce qui se passe. « Voilà l'envie. »
Vous observez où elle se situe dans le corps.
Vous respirez lentement, trois cycles complets.
Puis vous choisissez. « Qu'est-ce qui compte pour moi maintenant ? » Même quelque chose de très simple, comme la douceur, la santé ou le respect de soi.

L'objectif n'est pas d'être parfaite.
L'objectif est de créer un espace entre l'envie et l'acte.

1. auto-aide structurée : oui, ça peut marcher, si c'est guidé

Si vous voulez créer quelque chose d'utile, il faut rester honnête. Beaucoup de personnes ne consulteront pas, pas tout de suite, parfois jamais. Proposer une méthode claire, applicable seule, n'est pas un compromis. C'est une nécessité.

Aujourd'hui, il existe des travaux sur des formats d'auto-aide structurée pour les BFRB, basés sur des approches comme HRT ou le decoupling. Certaines études montrent qu'un protocole simple, bien suivi, peut déjà produire des changements chez une partie des personnes.

Cela ne remplace pas toujours un accompagnement. Mais cela prouve une chose importante. Quand la méthode est claire, concrète et répétée, le cerveau peut apprendre autrement, même en autonomie.

2. comment transformer tout ça en méthode lisible

L'idée n'est pas de compliquer. L'idée est de guider, pas à pas.

Voici l'exemple d'un parcours sur 14 jours, simple, progressif, humain. Une structure que la personne peut suivre sans se perdre.

Jours 1 à 3
On observe. On ne change rien. Un petit journal suffit. On repère les déclencheurs, on identifie trois contextes à risque.

Jours 4 à 7
On met en place HRT.
Une réponse concurrente est choisie et pratiquée chaque jour, même sans envie. Le cerveau apprend par répétition, pas seulement dans les moments critiques.

Jours 8 à 10
On ajuste l'environnement.
Un changement simple par contexte. Écrans, soirée, attente. On rend le geste moins accessible, sans se contraindre inutilement.

Jours 11 à 14
On affine avec ComB.
On identifie ce qui domine dans son fonctionnement, sensoriel, cognitif, émotionnel, moteur ou lié au lieu. Puis on installe une stratégie ciblée.

En parallèle, chaque jour
Deux minutes suffisent. Respiration lente ou relâchement. Un moment court pour faire redescendre la tension. Ce protocole n'a pas besoin d'être parfait. Il a besoin d'être répété.

Le cerveau ne lâche pas une stratégie qui fonctionne tant qu'il n'en a pas une autre, au moins aussi efficace et disponible au même moment.

Le but de ces techniques n'est pas de devenir quelqu'un qui se surveille en permanence.
C'est de devenir quelqu'un dont le cerveau a appris d'autres issues.

Chapitre 14 : Déjouer le rituel (en profondeur)

Points d'intervention, timing, micro-choix. Ce chapitre marque le moment où tout devient vraiment concret.

Jusqu'ici, nous avons parlé de mécanismes, de compréhension, de honte, de cycles émotionnels.
Tout cela était nécessaire.
Mais une question finit toujours par revenir :

« D'accord. Mais que fait-on, précisément, quand la main monte ? »

La réponse tient en une idée simple : on ne combat pas un rituel.
On le désorganise.

1. Le rituel : pas un geste, une séquence

L'erreur la plus fréquente consiste à voir l'onychophagie comme un geste isolé.
En réalité, c'est presque toujours une séquence, même très rapide.

Un rituel suit généralement plusieurs étapes, souvent invisibles :

1. une tension (émotionnelle, mentale ou corporelle)
2. un signal interne (agitation, regard, sensation d'urgence)
3. un mouvement préparatoire (la main monte, les doigts cherchent)
4. le geste lui-même
5. le soulagement
6. la culpabilité

Si l'on agit uniquement sur l'étape 4, on arrive déjà trop tard.
Le cerveau est engagé.

Déjouer le rituel, c'est intervenir avant qu'il ne se verrouille.

2. Le timing : intervenir tôt, très tôt

Le facteur décisif n'est pas la qualité de la stratégie, mais le moment où elle intervient.

Plus on agit tard :

• plus l'impulsion est forte
• plus l'effort demandé est important
• plus la tension augmente

À l'inverse, une intervention très précoce, même minuscule, peut suffire à changer la trajectoire.

C'est là que la prise de conscience devient essentielle : elle permet de repérer cet instant juste avant.

3. Trois points d'intervention possibles

On peut intervenir à trois moments du rituel et il est Inutile d'essayer de tout faire.
Un seul point peut déjà tout changer.

a) Avant le mouvement

C'est le moment le plus puissant.

Exemples :

• poser les mains sur une surface
• les glisser sous les cuisses
• les croiser doucement
• attraper un objet déjà prêt

À ce stade, rien n'est encore décidé.
Le cerveau reste flexible.

b) Pendant le mouvement préparatoire

La main monte, les doigts cherchent.

On peut alors :

• changer de posture
• ralentir volontairement le geste
• transformer le mouvement (pression, serrage, manipulation)

Il ne s'agit pas de bloquer,
mais de dévier.

c) Après le geste (oui, aussi)

Même après une morsure, il reste un levier essentiel :
ce qui se passe juste après.

Soigner sans reproche.
Respirer.
Refuser de s'attaquer à soi-même.

C'est ici que l'on coupe la boucle de culpabilité qui relance le cycle.

4. Les micro-choix : la vraie bascule

Le cerveau ne change pas grâce aux grandes décisions.
Il change grâce à des micro-choix répétés.

Un micro-choix, c'est :

- poser la main plutôt que la lever
- presser plutôt que mordre
- respirer plutôt que se juger

Pris isolément, ces gestes semblent insignifiants.
Mais leur accumulation transforme tout.

À chaque micro-choix, le cerveau enregistre :
« Une autre option existe. »

Et plus une option existe, plus elle devient accessible.

5. Une substitution qui a du sens

Substituer ne veut pas dire occuper les mains à tout prix.

Pour fonctionner, la substitution doit :

• respecter la fonction du geste
• arriver au bon moment
• rester acceptable, sans frustration excessive

Par exemple :

• si le geste apaise → la substitution doit apaiser
• s'il stimule → elle doit stimuler
• s'il décharge → elle doit décharger

Sinon, le cerveau revient à ce qu'il connaît.

6. Le piège du contrôle rigide

Certains risquent de transformer ce chapitre en nouvelle règle : « Je dois intervenir à chaque fois. »

C'est un piège. Déjouer le rituel ne signifie pas réussir à tous les coups. Cela signifie changer la dynamique.

Même si :

• une tentative sur trois fonctionne
• certains jours sont plus difficiles
• certaines situations échappent encore

Le cerveau comprend une chose essentielle : le rituel n'est plus automatique.

7. Quand le rituel se fissure

Un signe encourageant apparaît alors :

• le geste devient moins automatique
• l'envie passe plus vite
• la culpabilité diminue
• le soulagement est moins marqué

On peut avoir l'impression que « ça marche moins bien ». C'est l'inverse. Quand le rituel perd de son efficacité, le changement devient possible.

8. Une posture intérieure différente

Déjouer le rituel demande une posture simple :

- de la curiosité plutôt que du jugement
- de la souplesse plutôt que de la rigidité
- de l'expérimentation plutôt que de la perfection

Chaque essai compte. Chaque écart apprend quelque chose.

Il ne s'agit pas d'être fort(e).
Il s'agit d'être présent(e).

Ce que ce chapitre veut ancrer

Il ne s'agit pas de supprimer le geste d'un coup.
Il s'agit de désorganiser le rituel, progressivement.

Ce travail se joue :

- dans les détails
- dans les moments ordinaires
- dans des choix presque invisibles

Et ce sont précisément ces choix-là qui transforment une habitude ancienne.

Le rituel ne disparaît pas sous la contrainte. Il s'efface quand on cesse de lui obéir automatiquement, un micro-choix après l'autre.

Chapitre 15 : Tenir dans la durée - rechutes, maintien et liberté réelle

Il y a un moment que tout le monde connaît, un instant presque banal et pourtant chargé, où l'on se surprend à penser : « Ça y est, j'avais réussi… et je recommence. » Et, dans la seconde qui suit, la sentence tombe, sans appel : « Finalement, non. Donc je ne suis pas capable. »

Ce moment-là est un piège redoutable, précisément parce qu'il mélange deux réalités qui n'ont rien à voir : le retour ponctuel du geste, d'un côté, et l'idée d'un échec global, de l'autre. Or, dans tout processus de changement comportemental, la rechute ne signifie pas que « ça ne marche pas » ; elle en fait partie intégrante.

Si je veux écrire un livre réellement utile et solide, je dois vous expliquer une vérité qui à la fois déculpabilise et donner des outils : la vraie question n'est pas « comment ne jamais rechuter », mais « comment réagir quand cela arrive pour éviter que cela ne se transforme en spirale ».

C'est d'ailleurs pour cette raison que certains cliniciens parlent aujourd'hui moins de « prévention de la rechute » que de « gestion de la rechute ». Le mot prévention installe une idée d'objectif absolu, presque irréaliste, et donc une sensation de faute dès qu'on s'en éloigne ; à l'inverse, le mot gestion rappelle que l'on apprend à répondre autrement lorsque l'ancien réflexe réapparaît.

Dans l'onychophagie, beaucoup de personnes utilisent le mot « rechute » pour désigner un simple épisode isolé : un moment de fatigue, une réunion stressante, une soirée trop chargée. Elles constatent deux ongles abîmés… et en concluent que tout est perdu. Pourtant, il est essentiel de distinguer plusieurs niveaux.

Il y a d'abord le glissement, ces un ou deux gestes parfois inconscients, une morsure rapide, un coin d'ongle « corrigé » presque sans s'en rendre compte.

Ce type d'épisode ne signifie pas un retour à zéro ; il indique simplement que tu as croisé un contexte à risque.

Il y a ensuite la rechute à proprement parler, un retour plus installé du rituel, sur plusieurs jours, accompagné d'une impression de perte de contrôle. Cela arrive, et cela se travaille. Et puis il y a la spirale, qui n'est pas déclenchée par le geste lui-même, mais par ce qui vient après : la honte, l'autocritique, la résignation. La spirale commence au moment où l'épisode devient une identité, quand l'on passe de « j'ai eu un moment difficile » à « je suis comme ça ».

Votre objectif n'est donc pas d'éliminer tout glissement, ce qui serait illusoire, mais d'empêcher que ce glissement ne se transforme en spirale.

Il faut aussi comprendre pourquoi la rechute survient, même quand on « sait » et même quand on a déjà progressé. Le cerveau n'abandonne pas facilement une stratégie qui, pendant longtemps, lui a apporté un bénéfice, même imparfait : celui de soulager. Les approches comportementales comme le HRT montrent de bons résultats, mais elles reposent sur des apprentissages qui demandent du temps, de la répétition et un certain maintien.

Et surtout, nous ne sommes pas stables d'un jour à l'autre : un cerveau reposé ne fonctionne pas comme un cerveau épuisé, un système nerveux régulé ne réagit pas comme un système saturé. Les rechutes apparaissent très souvent dans des situations concrètes et prévisibles : fatigue, surcharge mentale, conflits, périodes d'incertitude, isolement, ou même moments de réussite, lorsque la pression intérieure remonte brusquement.

Il est donc essentiel de faire passer une idée simple et profondément libératrice : on n'échoue pas parce qu'on recommence ; on échoue lorsque l'on interprète ce recommencement comme la preuve définitive que l'on ne changera jamais.

La rechute, en réalité, n'est pas un événement brutal, mais un processus progressif, avec des étapes. Cela signifie qu'il est possible d'intervenir tôt, avant que l'ancien automatisme ne reprenne toute la place. On a déjà posé les bases en parlant de repérage des signaux faibles, d'intervention en amont, de rupture de la boucle ; ici, il s'agit d'aller un peu plus loin. Quand une rechute survient, la question n'est pas « qu'est-ce qui ne va pas chez moi ? », mais « à quel moment du processus ai-je décroché, et qu'est-ce que cela m'apprend ? »

L'un des pièges les plus puissants reste le perfectionnisme. Beaucoup de personnes concernées sont exigeantes, habituées à tenir, à faire bien, à contrôler. Mais cette exigence devient un carburant pour la rechute dès qu'un petit écart est interprété comme une catastrophe. Les approches modernes, notamment celles qui combinent comportemental et ACT, insistent sur une compétence centrale : ne pas lutter contre l'expérience interne - la tension, l'envie, l'émotion - mais apprendre à la traverser sans passer à l'acte.

Pour vous, cela peut se traduire de manière très simple : je peux ressentir une envie, je peux être tendu, fatigué, débordé... et malgré tout, je peux choisir. Et si, un jour, je ne choisis pas, cela ne m'oblige pas à me détruire ; cela peut devenir une information, un point d'appui pour comprendre et ajuster.

C'est ici que se joue la vraie différence entre « arrêter » et « tenir ». Arrêter est un moment, parfois même un élan. Tenir, en revanche, repose sur une structure, sur un ensemble de repères et de soutiens que l'on met en place pour traverser le temps, les variations, les fragilités. Dans ce chapitre, il s'agit donc de vous donner un plan de maintien simple, concret, lisible, quelque chose sur quoi il peut s'appuyer quand les choses deviennent moins faciles.

Pilier 1 : conserver une "mini-pratique" comportementale

Lorsque les choses s'améliorent, beaucoup de personnes arrêtent tout, comme si le problème était définitivement réglé. Pourtant, c'est précisément cet entretien léger, presque invisible, qui empêche le retour de la spirale.

Deux minutes par jour peuvent suffire. Non pas pour se surveiller ou se contrôler, mais pour entretenir le nouveau chemin que tu es en train de créer.

Concrètement, cela peut prendre des formes très simples : pratiquer une réponse concurrente pendant une minute, même sans envie particulière, faire un rapide check des déclencheurs de la journée - fatigue, stress, écrans - ou encore prendre 90 secondes pour ralentir volontairement la respiration.

Les approches d'auto-aide structurée dans les BFRB, notamment celles qui incluent le HRT, ont montré des améliorations à court terme dans des essais contrôlés, ce qui confirme qu'un protocole simple, répété régulièrement, peut réellement modifier ces comportements. Des suivis à plus long terme, parfois jusqu'à deux ans, suggèrent également que ces bénéfices peuvent se maintenir, à condition de rester engagé dans le processus.

Le mot clé ici n'est pas la perfection. C'est l'engagement.

Pilier 2 : identifier tes 3 contextes à risque permanents

La plupart des personnes ont quelques zones rouges récurrentes, des contextes dans lesquels le geste revient presque automatiquement. Très souvent, il s'agit de moments d'écran passif, de fatigue en fin de journée, ou de situations d'attente et de stress social.

L'objectif n'est pas d'être fort partout, tout le temps. L'objectif est d'être prêt là où c'est difficile.

Pour chacun de ces contextes, le plan peut rester extrêmement simple, presque minimaliste : prévoir un objet à manipuler ou une position spécifique des mains, utiliser une réponse concurrente adaptée, et ajouter une respiration courte pour faire redescendre la tension.

Un plan préparé à l'avance vaut toujours mieux qu'une volonté improvisée dans le feu du moment.

Pilier 3 : la règle des 24 heures

C'est une règle très simple, mais d'une efficacité remarquable.

Lorsqu'un épisode survient, il ne s'agit pas d'attendre un "nouveau départ" symbolique, ni de se faire une promesse solennelle pour plus tard. Il s'agit de remettre le système en route dans les 24 heures, à travers un geste de réparation, même minime.

Cette réparation peut être très concrète : limer doucement si nécessaire, hydrater la peau, remettre une barrière ciblée, refaire une réponse concurrente une seule fois, ou simplement noter le déclencheur.

Ce n'est pas l'ampleur du geste qui compte, mais le fait de relancer le processus. Cette règle coupe court à la spirale, là où l'attente l'alimente.

Pilier 4 : traiter la honte comme un déclencheur, pas comme une vérité

La honte est l'un des moteurs les plus puissants de l'onychophagie. Elle génère tension, auto-critique, agitation intérieure… et finit par appeler une stratégie d'apaisement, ce qui ramène le geste.

Dans les modèles de gestion de rechute, l'accent est mis sur l'apprentissage de compétences d'adaptation - qu'elles soient cognitives ou physiologiques - plutôt que sur le jugement de soi. Même dans des troubles proches, comme les TOC, les approches actuelles privilégient des plans structurés, individualisés, qui intègrent les fluctuations normales du parcours, plutôt que de renforcer la culpabilité.

Une phrase peut suffire à changer la perspective du lecteur : « Ce n'est pas le geste qui me détruit. C'est la manière dont je me parle après. »

Pilier 5 : savoir quand il faut une aide extérieure

Il est important de donner des repères clairs pour reconnaître les situations où un accompagnement extérieur peut faire une réelle différence : lorsque l'onychophagie devient mutilante, avec des saignements fréquents, des infections ou de la douleur ; lorsqu'elle s'accompagne d'autres comportements auto-agressifs ; lorsqu'elle est liée à une anxiété importante, à un TOC ou à une détresse psychique marquée ; ou encore lorsque la honte envahit la vie sociale et professionnelle.

Dans ces cas-là, demander de l'aide n'est pas un signe de gravité au sens alarmant du terme, mais un signal d'importance. C'est reconnaître que la situation mérite un soutien adapté.

Comment parler de la rechute sans démotiver

C'est un point délicat, et beaucoup de livres échouent ici. Certains présentent la rechute comme un danger à éviter absolument, ce qui crée de l'angoisse ; d'autres la minimisent, ce qui laisse le lecteur seul face à son vécu. L'équilibre consiste à dire la vérité tout en soutenant. La rechute n'est pas un drame. C'est une information.

Elle indique simplement quelque chose sur l'état du moment : fatigue, saturation, isolement, pression, manque de ressources disponibles. Elle ne dit rien de définitif sur ta capacité à changer.

Plutôt que de vous punir, vous ajustez le système.

Un outil très pratique : la fiche "après-épisode"

Pour transformer un épisode en apprentissage, vous pouvez proposer une fiche simple, à remplir en deux minutes.

Où étais-je ?

Qu'est-ce que je faisais ?

Quel était mon état interne (fatigue, stress, vide, agitation) ?

Quel a été le déclencheur précis, si je peux le nommer ?

Qu'est-ce que j'aurais pu faire dix secondes avant ?

Quelle est ma micro-réparation dans les 24 heures ?

Cet outil a une double fonction : il remet de la conscience là où il y avait de l'automatisme, et il empêche l'installation de la spirale.

La véritable fin : ne plus être en guerre

Le maintien ne consiste pas à surveiller ses mains en permanence, ni à vivre dans une vigilance épuisante. Il consiste à rendre progressivement le geste inutile.

Les approches comportementales structurées existent depuis longtemps, elles sont utilisées dans les BFRB, et les données disponibles montrent que des améliorations peuvent se maintenir dans le temps, même si, comme toujours, l'engagement personnel reste déterminant.

Le message final doit être simple et clair : vous ne cherchez pas une victoire, vous construisez une liberté stable.

Et cette liberté, comme tout apprentissage profond, se développe par la répétition, par l'ajustement, par une forme de compassion envers soi-même, et par des stratégies concrètes qui soutiennent, jour après jour, le chemin que tu es en train de tracer.

Chapitre 16 : Parcours réels - profils, déclencheurs, et sorties possibles

Il y a une raison pour laquelle j'ai voulu partager ces histoires avec vous. Pas pour susciter la pitié ni pour émouvoir, mais parce que chacun a besoin de comprendre, à travers le vécu et les émotions des autres, qu'il n'est pas condamné à la honte ni à la solitude.

Quand on se ronge les ongles, on a souvent l'impression d'être un cas isolé, un corps défaillant, une volonté molle. Pourtant, ce texte le montre déjà très bien : ce geste n'est pas une simple « mauvaise habitude », c'est une tentative de régulation, un langage du corps, un bouton « pause » quand l'intérieur devient trop bruyant.

Alors ici, je vais faire ce que les bons livres font : donner des visages aux mécanismes et des scénarios aux déclencheurs. Donner des sorties plausibles aux lecteurs.

Et je vais le faire en gardant deux exigences.

Scientifiquement solide : quand on propose une méthode, on s'appuie sur ce qui est soutenu (au moins partiellement) par la littérature, notamment l'entraînement au renversement d'habitude (HRT/Habit Reversal TrainingHRT que l'on peut traduire en français par entraînement au renversement de l'habitude) et ses variantes, souvent considérés comme des approches prometteuses et largement utilisées pour les BFRB (Body-Focused Repetitive Behaviors, que l'on peut traduire par comportements répétitifs centrés sur le corps, dont l'onychophagie.)

Humainement vrai : on ne promet pas des miracles, on construit de la liberté.

Avant de commencer : une phrase qui protège

Encore et encore : il n'existe pas un seul type d'onychophagie. Il existe des profils, parce qu'il existe des fonctions différentes. Et le traitement le plus "efficace" n'est pas celui qui est à la mode : c'est celui qui correspond à la fonction dominante chez une personne donnée.

C'est exactement l'esprit des approches comportementales modernes : on augmente d'abord la conscience du comportement, puis on installe une réponse concurrente, et on adapte l'environnement et les stratégies au contexte réel de la personne.

Profil 1 : L'angoissé(e) silencieux(se) : "Je me calme comme je peux"

Scène : À la maison, la soirée. Pas de crise spectaculaire. Juste un corps en veille.

La journée a été lourde, la tête est encore pleine. Le téléphone est posé à côté, le cerveau continue de dérouler : les listes, les responsabilités, les mots qu'on n'a pas dits, les scénarios de demain. Et la main monte. Comme si elle connaissait le chemin mieux que la personne elle-même.

La fonction dominante : apaiser l'activation anxieuse. Ici, l'onychophagie est une soupape.

Ce qu'on retrouve souvent :

Une tension corporelle : mâchoire serrée, épaules hautes

Une fatigue nerveuse

Des épisodes "surtout le soir"

Une impression : “si je ne fais pas ça, je vais exploser”

Le plan qui marche le mieux

Respiration lente (90 secondes)
Vous ralentissez volontairement votre respiration pendant une minute et demie. L’objectif n’est pas de “te détendre”, mais de faire redescendre le niveau d’alerte du corps. C’est un moyen simple d’aider votre système nerveux à se réguler quand la tension monte et que le geste devient plus probable.

HRT : quoi faire au moment où ça démarre
Dès que ta main monte vers votre bouche, vous faites immédiatement un autre geste qui rend la morsure impossible, et vous le maintenez environ 60 secondes.

Par exemple :
– serrer doucement les poings
– appuyer les doigts les uns contre les autres
– poser les mains à plat sur les cuisses
– tenir un objet dans la main

L’idée n’est pas de lutter mentalement, mais de bloquer physiquement le geste en le remplaçant, au moment précis où il commence.

Cette approche a été testée. Dans une étude menée par Ghanizadeh en 2013 auprès d’enfants et d’adolescents, la méthode HRT a été comparée à d’autres situations, comme la manipulation d’objets. Les participants utilisant le HRT ont montré une amélioration plus nette et plus durable : leurs ongles étaient plus longs et en meilleur état sur la durée.

Règle des 24 heures : quoi faire après un épisode
Si un épisode arrive, vous réagissez toute de suite. Vous faites un petit geste de réparation dans la journée ou au plus tard le lendemain.

Par exemple :
– limer un ongle abîmé
– hydrater les doigts
– protéger un doigt sensible
– noter rapidement ce qui a déclenché

Vous ne cherchez pas à être parfait(e). Vous faites juste un geste, qui soigne et répare rapidement. C'est ce qui va empêcher un petit écart de se transformer en spirale.

Exemple : la minute de secours

Quand l'envie monte, vous suivez une séquence simple, sans réfléchir, comme un petit protocole.

D'abord, vous posez les mains à plat sur les cuisses. Vous les laissez là, sans bouger, juste pour couper le mouvement automatique.

Ensuite, vous passez à la respiration : inspirez sur 4 secondes, puis expirez lentement sur 6 secondes. Vous répétez ce cycle une dizaine de fois, tranquillement, sans forcer.

Puis, vous enchaînez avec un geste de remplacement : vous serrez doucement les poings et vous les maintenez environ 60 secondes.

Vous ne cherchez pas à "tenir" coûte que coûte. Vous laissez simplement la vague passer. Et la plupart du temps, elle finit par passer.

Profil 2 : Le perfectionniste - « Je corrige l'aspérité... et je tombe dedans »

La scène : Une réunion, une conversation, un moment calme devant un écran. Tout semble aller bien. Et puis l'œil accroche un détail : une petite irrégularité, une cuticule, une surface qui n'est pas parfaitement lisse. Rien de spectaculaire, presque invisible... mais impossible à ignorer.

Une sensation apparaît : « ce n'est pas net ». Elle est discrète, mais insistante. Le cerveau se met en mode correction. Il ne s'agit plus d'un détail, mais d'une chose à régler.

La main s'approche, le geste commence. Et très vite, sans s'en rendre compte, on bascule dedans.
Ici, l'onychophagie ne part pas d'une émotion forte, comme le stress

ou l'angoisse. Elle naît d'un inconfort très précis : celui de l'imperfection.

Ce n'est pas « je vais mal », c'est « ce n'est pas comme ça que ça devrait être ». Le geste devient alors une tentative de remettre de l'ordre, de lisser, de corriger. Un rituel de réparation, presque logique, presque justifié.

Mais plus on corrige, plus on crée de nouvelles aspérités.
Et plus l'envie de corriger revient.

L'émotion en arrière-plan

Une tension liée à un besoin de contrôle, à une exigence élevée envers soi-même et à une difficulté à accepter ce qui n'est pas parfaitement net. Peu à peu, cette tension cherche une issue et passe par le geste : corriger, lisser, ajuster… comme pour retrouver une sensation de justesse.

Ce qu'on retrouve souvent

On observe alors une attention très précise aux détails, une difficulté à « laisser comme ça », des déclencheurs liés à la texture - une aspérité, une peau sèche, un ongle irrégulier. Les gestes commencent souvent de façon anodine, « juste pour arranger », puis finissent par prendre plus de place que prévu.

Ce qui entretient le cycle

Le piège, ici, c'est que le geste semble utile. Il donne l'impression de réparer. Mais en réalité, il entretient le problème : plus vous cherchez à rendre parfait, plus vous créez des micro-défauts… et plus vous relancez le besoin de corriger.

Une clé importante pour ce profil

Apprendre à tolérer l'imperfection. Pas à l'aimer. Pas à s'en contenter.
Mais à pouvoir la laisser exister… sans intervenir immédiatement.

Parce que ce n'est pas l'aspérité qui déclenche le geste.
C'est l'impossibilité de la laisser tranquille.

Le plan qui marche le mieux

1. Réduire les déclencheurs (stimulus control)

Vous agissez en amont, directement sur l'environnement. Des ongles lisses, des cuticules hydratées, une surface régulière : moins il y a d'aspérités, moins il y a de tentations de "corriger". Ce travail simple limite déjà une grande partie des déclencheurs.

2. Intervenir très tôt (HRT ciblé)

Vous n'attendez pas que le geste soit lancé. Vous intervenez dès les premiers signes : quand l'œil cherche, quand les doigts commencent à inspecter. À ce moment précis, vous remplacez le geste par une action simple qui bloque la suite.

3. Se dire une phrase courte

Une phrase très simple, presque automatique, pour couper l'élan :
« Ce n'est pas une urgence. » « Je peux laisser imparfait. »
Elle sert à ralentir, à remettre un peu d'espace entre l'envie et le geste.

4. Remplacer le geste, sans les dents

Si le besoin de corriger est trop fort, tu ne luttes pas contre lui. Vous changez simplement la manière de le faire : une lime fine, une crème, un geste de soin. Vous passez d'un geste abîmant à un geste maîtrisé.

Exemple : l'imperfection tolérée 30 secondes

Vous voyez l'aspérité. Vous la sentez. Le cerveau veut corriger. Vous faites une pause. Pendant 30 secondes, vous posez les mains et vous ralentissez votre respiration. Vous ne faites rien d'autre. Vous laissez passer l'envie.

Ensuite, vous choisissez : soit vous passez à autre chose, soit vous faites un geste propre, précis, avec un outil adapté - mais pas avec les dents.

Ce profil ne se libère pas en s'interdisant de corriger.
Il se libère en apprenant à corriger autrement.

Profil 3 : L'hyperconcentré(e) : "Mes mains travaillent pendant que mon cerveau pense"

Scène : Travail intellectuel. Lecture. Création. Écriture.Le cerveau est en tension productive. Les mains cherchent une occupation. Et l'onychophagie arrive comme un accompagnement, comme une béquille de focus.

La fonction dominante
Fournir une stimulation sensorielle ou motrice pendant les moments de concentration. Les mains cherchent à “faire quelque chose” pendant que l’esprit est occupé ailleurs.

Ce qu’on retrouve souvent
– des épisodes qui apparaissent devant un écran
– peu ou pas d’anxiété consciente
– un automatisme très fort, parfois avec une impression de déconnexion : « je me réveille après »

Le plan qui marche le mieux

1. Donner une mission aux mains

Les mains ne restent pas sans rôle. Elles ont une tâche simple et continue, non pas comme une contrainte, mais comme une stratégie : occuper le canal sensoriel pour éviter qu’il parte vers les ongles.

2. Structurer le remplacement du geste

Un objet peut aider, mais pas n’importe comment. Il doit s’inscrire dans une réponse précise, utilisée au bon moment. Les études montrent que manipuler un objet peut apporter un soutien, mais que c’est le fait de remplacer activement le geste, comme dans le HRT, qui donne les résultats les plus solides. L’objet devient alors un support, pas un gadget.

3. Découper le temps

Travailler par blocs courts (par exemple 25 minutes), puis prévoir une pause très brève où les mains changent d’activité : étirement, pression, mouvement. Cela permet de relâcher la tension accumulée sans passer par le geste automatique.

Exemple : l’objet qui remplace vraiment

Il ne s’agit pas de prendre un objet “mignon”, mais un objet utile.

Un bon objet doit offrir :
– une résistance sous les doigts
– la possibilité de répéter le geste
– une certaine discrétion, compatible avec le quotidien

Et surtout, il doit être intégré dans un réflexe clair : dès que la main commence à monter, tu sais quoi faire. Vous prenez l’objet avant que le geste n’aille jusqu’à la bouche.

À ce moment-là, l'objet n'est plus un accessoire. Il devient la réponse qui remplace le geste.

Profil 4 : Le "bouche-réconfort" : « J'ai besoin d'oralité »

Il existe une observation fréquemment retrouvée sur le terrain : certaines personnes se régulent davantage par la bouche, tandis que d'autres passent plutôt par les mains. Cette distinction ne relève pas d'un déterminisme strict, mais d'une tendance fonctionnelle utile à comprendre.

Scène
Moment d'attente. Train. File d'attente. Appel important.
L'envie apparaît.
Et ce n'est pas uniquement une question d'ongles : il y a une sensation plus globale, celle que la bouche doit être occupée. La bouche devient alors une issue.

Ce qu'on observe souvent

- Besoin de mâcher, de sucer, de grignoter, même en l'absence de faim
- Sollicitation des ongles, des lèvres ou de l'intérieur des joues
- Recherche de chewing-gum, boissons, cigarettes ou aliments réconfortants
- Sensation d'apaisement rapide dès que la bouche est occupée

Ce qui se joue derrière

Dans ce profil, la bouche devient un point d'ancrage sensoriel. Elle permet de diminuer une tension, de combler un vide ou de retrouver une sensation de sécurité. Ce mécanisme est ancien et profondément installé. La fonction dominante est un apaisement oral. L'objectif n'est pas de le supprimer, mais de le réorienter.

Le plan qui fonctionne le mieux

1. Remplacer sans supprimer

L'oralité est conservée, mais redirigée vers des alternatives moins délétères

• Chewing-gum sans sucre
• Bâtonnets de légumes croquants
• Boissons chaudes consommées lentement
• Bonbons sans sucre ou réglisse naturelle
• Paille ou gourde à embout

L'enjeu est de maintenir la fonction tout en modifiant la forme.

2. Structurer des rituels d'apaisement

Lorsque la bouche sert à réguler, il devient pertinent d'encadrer ce mécanisme

• Une tisane à heure fixe
• Un chewing-gum pendant les phases de concentration
• Un encas défini pour éviter le grignotage automatique

Le geste passe ainsi d'un automatisme subi à une action choisie.

3. Associer oralité et respiration

L'élargissement du mécanisme renforce son efficacité

• Inspiration lente par le nez
• Expiration prolongée en maintenant un support oral
• Ralentissement volontaire du rythme

Le geste devient alors un outil de régulation plus complet.

4. HRT : intervenir sur la séquence

Même en présence d'une substitution orale, il reste nécessaire d'agir sur le rituel main → bouche

• Repérer le mouvement préparatoire
• Introduire une réponse concurrente (mains posées, doigts entrelacés)
• Créer une micro-interruption dans la séquence

Le travail porte sur la désorganisation du rituel.

5. Approche ACT associée au comportemental

Apprentissage de la capacité à laisser l’envie exister sans y répondre automatiquement

Une revue récente (2025) sur l’ACT-enhanced behavior therapy (A-EBT) indique que l’association ACT et procédures comportementales bénéficie d’un soutien important dans la trichotillomanie, et qu’elle est en cours de développement pour l’excoriation. Cela constitue une piste cohérente dans l’approche globale des BFRB, avec prudence dans la transposition.

• Observer l’envie sans agir immédiatement
• Nommer l’envie pour créer une distance
• Accepter l’inconfort temporaire
• Revenir à une action choisie

6. Identifier et anticiper les contextes déclencheurs

L’oralité apparaît le plus souvent dans des situations spécifiques

• ennui
• stress diffus
• temps passé devant un écran
• solitude

Le repérage permet d’anticiper et de préparer une alternative adaptée.

7. Stabiliser l’oralité dans le temps

• Installer des moments dédiés plutôt que subir des impulsions diffuses
• Donner un cadre à l’oralité pour éviter les débordements vers les ongles ou les lèvres
• Transformer un besoin impulsif en habitude structurée

8. Travailler la phase “juste avant”

• Repérer le moment précis où la bouche “cherche”
• Intervenir avant le contact main → bouche
• Introduire une micro-pause volontaire

9. Réduire la charge orale globale

• Éviter l’accumulation de stimulations continues
• Clarifier les moments où la bouche est sollicitée
• Distinguer besoin physiologique et besoin de régulation

Exemple vivant : « nommer l’envie »

• « Voilà l’envie. »
• « Elle se situe dans la bouche, la gorge ou la mâchoire. »
• Trois respirations lentes
• Réponse concurrente : mains posées

Ce profil progresse lorsque l’oralité n’est plus subie comme une urgence permanente, mais reconnue comme un besoin spécifique, encadré et régulé.

Profil 5 : le profil « honte sociale » : « Je cache mes mains, cela me crée des complexes et entretient le cercle vicieux »

Scène : C’est une soirée ou un rendez-vous. Tout commence souvent par une poignée de main.
Ce moment est anticipé, presque redouté, et l’attention ne se porte plus vraiment sur l’échange, mais sur cet instant précis, sur les doigts.
Les mains se cachent, le corps se retient, la tension s’installe. Et plus cette tension monte, plus le geste revient ensuite, à l’abri du regard.

Ce qu’on observe souvent

• Une hypervigilance autour de l’apparence des mains
• Des stratégies pour les cacher ou les dissimuler
• Une crispation en situation sociale
• Une reprise du geste en privé, après un effort de contrôle

Ce qui se joue derrière

Dans ce profil, la fonction dominante est l'apaisement de l'angoisse sociale et du stress lié à l'image. Le regard des autres devient un facteur de pression. Ce qui est retenu en public finit par se relâcher en coulisse.
La honte ne freine pas le geste, elle alimente le cycle.

Le plan qui semble le plus adapté

1. Réintroduire un contact apaisant avec les mains

Le soin, ici, ne relève pas de l'esthétique. Il s'agit d'un acte de réconciliation. Les mains ne sont plus un problème à corriger, mais une partie du corps à accompagner.

Appliquer une crème, par exemple, c'est porter attention à une zone abîmée et souvent maltraitée. C'est le geste inverse de l'onychophagie : au lieu d'abîmer, on soigne et on protège.

Masser les doigts, les contours des ongles, les articulations, permet de transformer la relation sensorielle. Là où il y avait tension et urgence, il y a du contact lent, maîtrisé, sécurisant. Le cerveau enregistre progressivement une nouvelle association : les mains ne sont plus uniquement liées au geste destructeur, mais aussi à une sensation de calme.

Prendre soin des cuticules, nettoyer, hydrater, ce n'est pas « réparer une faute ». C'est poser un acte de respect envers son propre corps. Même si les mains sont abîmées, même si elles ne correspondent pas à une image idéale, elles restent dignes d'attention.

Ce type de rituel a une valeur plus importante qu'il n'y paraît. Il envoie un signal clair : la relation avec son corps peut changer. Elle ne repose plus uniquement sur la honte ou la dissimulation, mais sur une forme de présence et de tolérance.

Avec le temps, ces gestes simples offrent une alternative concrète au moment où la tension monte. Ils permettent aussi de reconstruire une image interne plus stable : des mains que l'on peut regarder, toucher, accompagner, sans rejet immédiat.

Ce travail installe une autre logique : celle du soin plutôt que de l'interdit, et de l'avancée plutôt que de l'évitement.

2. Avancer par micro-expositions, sortir du « tout ou rien »

- Poser les mains sur la table quelques secondes
- Les laisser visibles dans un cadre sécurisé
- Allonger progressivement la durée, sans brusquer

La progression repose sur la répétition, pas sur la performance.

3. Renforcer sans chercher la perfection

Le changement passe par des étapes courtes et concrètes

- « J'ai laissé mes mains visibles 30 secondes »
- « J'ai tenu quelques minutes en réunion »
- « Je ne les ai pas cachées à un moment précis »

Chaque micro-victoire compte et construit la suite.

4. Intervenir sur le réflexe

Même en contexte social, le geste peut être désorganisé

- Repérer les moments de montée de tension
- Poser les mains, les relier, exercer une légère pression
- Introduire une pause dans l'automatisme

Il ne s'agit pas de bloquer, mais de ralentir et de modifier.

5. Diminuer la charge de honte

- Identifier les pensées liées au regard des autres
- Réduire progressivement les conduites d'évitement
- Passer d'un jugement dur à une observation plus neutre

Moins la honte est présente, moins la tension s'accumule.

Exemple vivant : « les mains visibles 30 secondes »

Le point de départ n'est pas d'arrêter le geste. Il peut simplement être de poser les mains sur la table pendant 30 secondes, respirer, et accepter qu'elles soient vues.

Ce profil évolue lorsque les mains cessent d'être un objet de dissimulation, et redeviennent une partie du corps que l'on peut simplement laisser exister.

Ce que tous ces profils ont en commun

1. Le geste a une fonction : apaiser, contrôler, stimuler ou couper une tension.
2. Les approches structurées, notamment comportementales comme la HRT, sont fortement soutenues dans les BFRB.
3. La honte agit comme un déclencheur et un facteur d'entretien.
4. Il ne s'agit pas d'un combat, mais d'un processus progressif de réajustement.

Profil 6 : le profil « automatique dissocié » : « Je me réveille les doigts en sang »

Dans ce profil, il n'y a pas d'alerte claire. Pas d'émotion identifiable, pas de tension consciente. Le geste se produit ailleurs, en dehors du champ de l'attention. La personne est occupée, concentrée en apparence, puis elle revient à elle… et découvre le résultat. Le doigt est abîmé, parfois jusqu'au sang, sans même pouvoir dire à quel moment cela a commencé.

Il ne s'agit pas d'un manque de volonté. Le geste précède la conscience. Le corps agit pendant que l'esprit est absorbé ou en léger décrochage. Ce fonctionnement est souvent lié à des états de sous-stimulation, d'ennui diffus ou d'attention instable. Le cerveau, pour se réguler, lance une activité automatique, sans passer par la décision.

Ce que l'on retrouve souvent

- impression de ne pas contrôler le moment où le geste démarre
- échec des méthodes basées sur la volonté ou l'interdiction
- épisodes fréquents devant un écran, un livre, ou dans des moments passifs
- sensation de « se réveiller après coup »

• parfois un lien avec un trouble de l'attention ou une grande sensibilité à l'absorption mentale

Le plan qui fonctionne le mieux

Ici, on ne cherche pas à empêcher le geste par la pensée. On ne peut pas arrêter quelque chose dont on n'a pas conscience. Le travail consiste à ramener le corps dans l'instant et à interrompre l'automatisme par des signaux concrets.

1. Créer un signal sensoriel

Le corps doit recevoir une information claire. Un élastique au poignet, un pansement avec une texture différente, un objet discret entre les doigts. L'objectif n'est pas de contraindre, mais de réveiller la perception. Ce signal agit comme un rappel physique qui ramène à soi avant que le geste n'aille jusqu'au bout.

2. Modifier l'environnement

L'environnement devient un allié. Un post-it visible, une texture différente sur la souris, un petit objet posé près de l'écran. Ces éléments ne sont pas décoratifs. Ils servent à interrompre la continuité automatique et à créer une rupture dans la routine.

3. Installer des micro-pauses

Le cerveau ne maintient pas l'attention de manière stable. Il faut donc l'aider. Une alarme douce toutes les quinze à vingt minutes, un geste simple à répéter : se lever, s'étirer, boire de l'eau, regarder ailleurs. Ce sont des points d'ancrage qui empêchent l'installation du mode automatique.

On ne lutte pas contre le geste. On change le terrain sur lequel il apparaît. On passe d'un fonctionnement invisible et subi à une présence progressive, où le corps redevient un repère.

Chapitre 17 : Accompagner un enfant ou un adolescent qui se ronge les ongles

Si vous lisez ce chapitre, c'est probablement parce que vous avez déjà surpris votre enfant, plusieurs fois, avec les doigts dans la bouche. Peut-être avez-vous ressenti un mélange d'inquiétude, d'impuissance et parfois même de culpabilité : « Est-ce que j'ai fait quelque chose de mal ? Est-ce que je suis trop exigeant(e) ? Est-ce que je n'ai pas assez fait attention ? »

Ce sont probablement les questions les plus fréquentes. Lorsque l'on découvre que son enfant se ronge les ongles, il est difficile de ne pas s'interroger sur son propre rôle. Certains parents se demandent s'ils ont été trop stricts. D'autres pensent ne pas avoir été assez présents. D'autres encore cherchent un événement particulier qui aurait tout déclenché. Dans la grande majorité des cas, la réponse est non.

Respirez.

Vous n'êtes pas un mauvais parent. Votre enfant n'est pas « anormal ». L'onychophagie ne signifie pas que vous avez échoué dans votre rôle de parent. Elle ne prouve pas que votre enfant est malheureux. Elle ne révèle pas forcément un trouble psychologique important.

Elle indique simplement qu'à un moment donné, votre enfant a trouvé dans ce geste une façon de gérer une émotion, une tension, un inconfort ou parfois même un simple besoin sensoriel.

Votre mission n'est pas de chercher un coupable.

Se ronger les ongles chez l'enfant ou l'adolescent est un comportement extrêmement fréquent, souvent transitoire, et presque toujours porteur d'un message : quelque chose, à l'intérieur, cherche à s'apaiser.

Votre rôle n'est pas de l'éradiquer par la force, mais de l'entendre et de l'accompagner avec justesse, en tenant compte de son âge, de sa personnalité et de ce qu'il traverse. L'objectif n'est pas de faire disparaître le geste à tout prix, mais de comprendre ce qu'il lui apporte afin de l'aider, progressivement, à découvrir d'autres façons de s'apaiser et de se sentir en sécurité.

Ce chapitre est écrit pour vous, parents, avec beaucoup de bienveillance. Nous allons parcourir trois grandes périodes : les tout-petits (2-5/6 ans), les enfants conscients mais encore jeunes (6-11/12 ans), et les adolescents. À chaque âge, les besoins et les façons d'intervenir sont différents.

1. Les tout-petits : quand le corps parle avant les mots (2-6 ans environ)

À cet âge, l'enfant n'a pas toujours les mots pour dire « je suis stressé », « j'ai peur de la séparation », « la rentrée m'angoisse » ou « je m'ennuie ». La bouche et les mains restent ses premiers outils d'autorégulation, comme la tétine ou le doudou l'ont été avant.

Ce que vous pouvez observer

- Le geste apparaît surtout dans les moments de fatigue, d'attente, de transition (coucher, départ à l'école, après une dispute).
- Il peut être lié à une phase de développement (apprentissage de la propreté, arrivée d'un petit frère/sœur, changement de mode de garde).
- L'enfant ne le fait souvent pas « consciemment » : il est dans un état semi-automatique.

Comment intervenir sans aggraver ?

- Ne pas interdire brutalement ni mettre de vernis amer. Cela crée de la tension supplémentaire et peut renforcer le besoin de régulation.
- Nommer avec douceur ce que vous voyez : « Je vois que tu mets tes doigts dans ta bouche. Es-tu un peu inquiet ou fatigué ? » Même s'il ne répond pas, vous lui montrez que ce geste est visible et acceptable à nommer.
- Proposer des alternatives sensorielles riches : objets à mâcher (colliers de dentition adaptés, chewing-gum pour grands, bâtonnets de légumes croquants), objets à manipuler (balles anti-stress, tissus textures, pâte à modeler, fidget toys adaptés à son âge).
- Augmenter le contact physique sécurisant : câlins, massages des mains, jeux de toucher. Le corps a besoin de sensations apaisantes.

- Observer les déclencheurs sans dramatiser : carnet très simple (moment de la journée, contexte). Cela vous aide à anticiper plutôt qu'à réagir.
- Modéliser le calme : si vous-même gérez le stress en vous rongeant les ongles, essayez de le faire moins visiblement ou de verbaliser vos propres stratégies (« Maman est un peu tendue, je vais respirer lentement »). Les enfants apprennent par imitation.

À cet âge, l'objectif n'est pas l'arrêt total, mais de proposer d'autres voies de régulation tout en préservant la relation de confiance. La plupart du temps, avec de la patience et de la cohérence, le geste diminue naturellement quand l'enfant grandit et gagne en langage et en capacité d'autorégulation.

2. L'enfant conscient mais encore jeune : 6-12 ans – l'âge où la honte peut s'installer

À cet âge, l'enfant comprend souvent que « ce n'est pas bien » ou que cela inquiète les adultes. Il peut commencer à cacher ses mains, mentir (« je ne l'ai pas fait ») ou ressentir de la honte. C'est une période charnière : le geste devient plus conscient, mais l'enfant reste très dépendant du regard et de la réaction des parents.

Ce qui change
L'enfant peut verbaliser (un peu) ce qu'il ressent, mais il a encore besoin de votre cadre et de votre calme. La pression scolaire, les relations avec les pairs, le perfectionnisme ou la peur de décevoir deviennent des déclencheurs fréquents.

Comment accompagner avec justesse

- Désamorcer la honte dès le départ : « Beaucoup d'enfants font ça quand ils sont concentrés ou un peu inquiets. Ce n'est pas parce que tu es nul, c'est parce que ton corps cherche à se calmer. On va trouver d'autres façons ensemble. » Cette phrase est libératrice.
- Impliquer l'enfant dans la recherche de solutions : « Qu'est-ce qui t'aiderait quand tu sens que tes doigts veulent aller dans ta bouche ? » Il peut choisir son objet de substitution (bague à tourner, élastique discret, petit fidget dans la trousse). L'autonomie renforce l'efficacité.
- Travailler la fonction du geste :

- Si c'est pendant les devoirs → pause mouvement toutes les 20-25 minutes + objet pour les mains.
- Si c'est le soir → rituel de calme (histoire, massage des mains, respiration).
- Si c'est lié à l'anxiété de performance → valoriser l'effort plutôt que le résultat.

- Créer des « zones sans jugement » : par exemple, dans la voiture ou devant un film, on peut avoir un objet dédié sans faire de remarque.
- Soins des mains ensemble : transformer le moment de soin en moment de connexion (crème, limage doux). Cela reconstruit une relation positive aux mains.
- Éviter les récompenses/punitions liées aux ongles. Cela transforme le sujet en combat de pouvoir et augmente la tension.

À cet âge, votre calme émotionnel est le plus grand cadeau. Plus vous restez serein(e), moins l'enfant aura besoin de ce geste pour gérer ses propres émotions.

3.Les adolescents: respecter l'autonomie tout en restant présent

L'adolescence est une période où le geste peut s'intensifier (pression scolaire, identité, relations sociales, bouleversements hormonaux) ou, au contraire, diminuer. L'adolescent a souvent honte et veut gérer seul. Forcer ou surveiller risque de le braquer ou de l'enfermer dans le secret.

À cet âge, certains adolescents deviennent beaucoup plus sensibles à leur image, à leur apparence et au regard des autres. Pour certains, notamment pour les filles, retrouver des mains qu'elles trouvent jolies ou présentables peut devenir une source de motivation importante.

Si cela correspond à vos valeurs familiales et aux envies de votre adolescent, un soin esthétique peut parfois constituer une aide complémentaire intéressante. Il ne s'agit pas d'une solution miracle ni d'un traitement de l'onychophagie, mais d'un levier supplémentaire parmi d'autres.

Certaines familles racontent qu'après avoir essayé de nombreuses approches sans résultat durable, un simple rendez-vous pour un soin des ongles ou une première manucure a permis un déclic inattendu. L'adolescent découvre alors le plaisir d'avoir des mains soignées, de voir ses ongles repousser et de prendre soin de lui. Pour certains, cette nouvelle image positive devient plus attractive que l'habitude de se ronger les ongles.

Une mère témoignait ainsi que sa fille se rongeait les ongles de façon très importante depuis des années. Après avoir essayé de multiples méthodes sans succès, elle lui a proposé une première manucure à l'âge de treize ans. À sa grande surprise, ce n'est ni la contrainte ni les remarques qui ont fonctionné, mais le plaisir que sa fille a ressenti en voyant ses mains soignées. Quelque temps plus tard, l'habitude avait disparu et la plaque de l'ongle avait retrouvé un aspect normal.

Bien entendu, cette approche ne remplace pas le travail de fond. Si le geste sert à gérer le stress, l'anxiété, l'ennui ou la surcharge émotionnelle, il reste important d'aider l'adolescent à développer d'autres stratégies d'apaisement. Le soin esthétique ne supprime pas la fonction du comportement ; il peut simplement renforcer la motivation au changement en donnant une raison concrète de préserver les progrès réalisés.

Pour certains adolescents, la fierté de prendre soin de leurs mains devient alors un allié précieux dans le processus de changement.

Approche recommandée

- Respecter son intimité : ne pas commenter publiquement ses mains. Une conversation privée et calme est bien plus efficace.
- Parler « adulte à adulte » : « Je vois que tu te ronges encore les ongles. Je sais que c'est dur à arrêter. Si tu veux, je peux te partager des infos qui ont aidé d'autres ados, sans t'obliger à rien. » Laissez-le choisir s'il veut en parler.
- Proposer des outils discrets et « cool » : bagues rotatives, bracelets à manipuler, applications de respiration, sport intense, musique, dessin, etc.
- Travailler sur le sens : « Qu'est-ce que ça t'apporte quand tu le fais ? Du calme ? De la concentration ? » Reconnaître la fonction permet de trouver des équivalents acceptables socialement.

- Gérer la honte sociale : beaucoup d'ados cachent leurs mains. Aider à reconstruire l'estime (« Tes mains ont traversé beaucoup de choses avec toi ») est plus puissant que de pousser à la manucure.
- Surveiller sans espionner : si le geste devient très sévère (saignements fréquents, infections, association avec d'autres comportements d'automutilation), proposez une aide extérieure (psychologue spécialisé TCC/HRT) en positionnant cela comme un soutien, pas une punition.

L'adolescent a besoin de sentir que vous êtes dans son camp, pas contre lui. Votre rôle évolue : vous passez de « protecteur qui contrôle » à « accompagnateur qui propose ».

Quand faut-il consulter ?

Dans la plupart des cas, l'onychophagie de l'enfant ou de l'adolescent peut être accompagnée à la maison. Cependant, il est préférable de demander l'avis d'un professionnel lorsque le comportement provoque des saignements fréquents, que des infections apparaissent régulièrement, que l'enfant souffre fortement du regard des autres, que l'anxiété devient envahissante, que le sommeil est perturbé, que d'autres comportements répétitifs apparaissent, comme l'arrachage de peau ou de cheveux, ou encore lorsque le mal-être devient important. Consulter n'est pas un échec. C'est simplement ajouter un soutien supplémentaire lorsque cela devient nécessaire.

Quelques principes qui valent pour tous les âges

1. Votre régulation avant la sienne. Un parent calme transmet du calme. Travaillez sur votre propre stress si nécessaire.
2. La honte est le pire amplificateur. Tout ce qui augmente la honte (remarques, comparaison, moquerie) aggrave le cercle vicieux.
3. La constance douce bat la perfection. Mieux vaut une petite stratégie appliquée régulièrement qu'un grand plan abandonné après trois jours.
4. Quand s'inquiéter vraiment ? Si le geste s'accompagne de signes de souffrance importante (repli social, troubles du sommeil, anxiété massive, autres automutilations), consultez un professionnel (psychologue enfant/adolescent formé aux BFRB ou TCC).

5. Célébrez les micro-progrès. Pas seulement l'arrêt total, mais « Tu as réussi à t'arrêter plusieurs fois aujourd'hui », « Tu as utilisé ton fidget », etc.

Dernier mot pour vous, parents

Votre enfant ne se ronge pas les ongles pour vous embêter ou parce qu'il est « faible ». Il le fait parce que, pour l'instant, c'est la stratégie qu'il a trouvée pour tenir. Votre mission n'est pas de fabriquer un enfant parfait aux ongles impeccables. Elle est de l'aider à développer des façons plus douces et plus conscientes de s'apaiser.

Un jour, peut-être, il vous dira : « Tu te souviens quand je me rongeais tout le temps les ongles ? » Et ce jour-là, il ne se souviendra probablement pas du nombre de fois où vous lui avez parlé de ses mains. Il se souviendra surtout que vous êtes resté à ses côtés. Sans le juger. Sans lui faire honte. Sans le briser. Et c'est peut-être là le plus beau cadeau qu'un parent puisse offrir.

Vous n'êtes pas seul(e). Des milliers de parents traversent cela. Avec de la compréhension, de la patience et les bons outils, la plupart des enfants et adolescents trouvent progressivement d'autres chemins. Et parfois, le plus grand changement commence par le regard que vous posez sur ses mains… et sur vous-même en tant que parent.

Votre calme est souvent plus important que n'importe quelle technique. La honte est l'un des principaux facteurs qui entretiennent le problème. La régularité est plus efficace que la perfection. Les petits progrès méritent d'être reconnus. Un enfant qui utilise une alternative une fois aujourd'hui a déjà commencé à changer.

Petit tableau récapitulatif : les repères clés pour les parents.

Âge	Message clé à transmettre	Outil principal	Ce qu'il ne faut surtout pas faire
2–6 ans	Le corps parle avant les mots	Objets sensoriels + contact physique doux	Interdire brutalement, mettre du vernis amer, gronder
6–12 ans	On est une équipe	Fidget choisi par l'enfant + protocole 4 temps(annexe)	Punir, comparer, humilier, exercer une pression
12–18 ans	Je te respecte et je te fais confiance	Outils discrets + autonomie	Surveiller, commenter en public, infantiliser

Chapitre 18 : Quand les mains racontent une vie - récits de souffrance silencieuse

Un livre n'est pas vraiment un livre s'il se contente d'aligner des conseils, ou suggérer aux autres comment ils devraient vivre leur vie.

Celui-ci est né des rencontres, d'histoires vraies et de personnes bien réelles. Il est né de mon désir de comprendre leur mal-être et, si possible, de leur apporter une meilleure compréhension de ce qu'elles traversaient. J'ai voulu consacrer quelques pages à ces récits recueillis au fil de mon chemin, pour vous faire ressentir, à travers eux, que vous n'êtes pas seuls.

Une fois que l'on commence à comprendre l'origine du geste, et que l'on s'engage dans un processus de changement plus profond, on ne cherche plus seulement à « arrêter », mais à transformer ce qui, en soi, en avait besoin.

Ce travail s'inscrit dans le mouvement du changement. Et c'est précisément ce que voient certains professionnels de très près : ceux qui travaillent avec les mains des autres. Dans ces lieux où l'on vient pour prendre soin de soi, les confidences naissent souvent plus facilement qu'on ne l'imagine.

Un cabinet. Un fauteuil. Une table de manucure. Un endroit où l'on pose ses mains au grand jour, sous une lampe blanche, sans pouvoir fuir.

Les prothésistes ongulaires, les esthéticiennes, les praticiens du soin, rencontrent des personnes qui n'ont jamais osé raconter leur histoire ailleurs. Parce qu'il y a quelque chose de paradoxal, presque cruel : la honte est dans les mains, mais la solution passe par les mains. Alors il faut bien les montrer, un jour.

Et parfois, ce jour-là, tout sort.

« Je n'ai jamais appris comment gérer mon stress »

Elle a 37 ans. Elle travaille, elle se démène, elle sourit. Et pourtant, quand elle s'assoit pour une pose, elle pose ses mains comme on poserait une confession.

Ses ongles ne sont pas seulement courts. Ils sont absents par endroits. La peau autour est épaissie, irritée, parfois fendillée. Il y a des cuticules inexistantes et des petites zones qui semblent n'avoir jamais eu le droit de guérir.

Elle dit une phrase que beaucoup disent :« Je fais ça depuis que je suis petite. » Elle ne raconte pas un "début". Elle raconte une continuité.

Les ongles rongés pendant les contrôles. Les ongles rongés pendant les disputes. Les ongles rongés après les ruptures. Les ongles rongés pendant les phases d'attente. Et même les ongles rongés pendant les moments calmes, parce que le calme, chez elle, n'est jamais tout à fait calme.

Quand elle parle, on comprend vite : ce geste n'est pas un caprice. C'est une stratégie. Et comme toutes les stratégies efficaces à court terme, elle a été répétée jusqu'à devenir automatique.

Elle décrit le mécanisme exactement comme un circuit : montée de tension, geste, relâchement, puis honte. Et ce circuit-là correspond à ce qui est décrit dans la littérature sur les BFRB : tension - comportement répétitif, soulagement, puis retentissement psychologique.

Ce qui brise une vie, ici, ce n'est pas ses ongles. C'est l'idée de soi.

Elle explique qu'elle a appris à cacher : mains dans les poches, manches longues, gestes calculés, poignées de main évitées. Elle a refusé des bagues. Elle a évité d'être regardée dans une situation où les mains sont visibles. Ce type d'évitement social est fréquemment rapporté chez les personnes souffrant de BFRB, notamment à cause de l'embarras et des conséquences physiques du comportement.

Elle ne dit pas : "mes mains montrent ma souffrance ". Elle dit : "je ne veux plus que mes mains parlent à ma place."

« Les gens pensent que je suis trop stressé »

Il a 29 ans. Il est cadre, il parle vite, il a l'air de contrôler tout. Et ses mains contredisent l'image.

Il dit qu'on lui a déjà fait des remarques en entretien. Qu'on lui a demandé s'il était "nerveux". Qu'on lui a donné des conseils non sollicités : "mets du vernis amer", "arrête", "tu vas attraper des microbes". Comme si la honte avait besoin d'un public. Ce qu'il décrit, c'est le poids du regard des autres. Les mains abîmées deviennent parfois la première chose que l'on remarque, avant même d'écouter ce qu'il a à dire.

Cette réalité apparaît également dans l'étude Pacan, menée dans le milieux d'étudiants. Il a observé que le comportement pouvait sérieusement affecter la qualité de vie.

Quand on vit avec l'impression que les autres regardent ses mains, qu'ils jugent ou interprètent ce qu'ils voient, la tension augmente. Et lorsque la tension augmente, le geste revient plus facilement. Le comportement devient alors à la fois la conséquence du malaise et une tentative de le soulager. Le cercle vicieux se referme.

« Je pensais que ce n'était rien... jusqu'au jour où ça a mal tourné »

Ce récit-là existe aussi. Plus rare, mais important. Elle a rongé ses ongles pendant des années. Souvent "jusqu'au sang", puis plus rien pendant deux semaines, puis retour. Une alternance de guérison incomplète et de micro-traumatismes.

Un jour, une inflammation ne passe pas. La zone gonfle. La douleur devient pulsatile. Elle attend, parce que "ce n'est qu'un doigt". Puis ça s'aggrave. Et là, on quitte le terrain de la honte pour entrer dans le terrain médical.

Les complications possibles de l'onychophagie chronique comprennent notamment des infections autour de l'ongle (paronychies), et plus largement des infections liées à l'inoculation de bactéries de la bouche vers les doigts, ce qui est décrit dans des revues médicales.

Et dans des cas exceptionnels, la littérature rapporte des complications sévères comme l'ostéomyélite d'une phalange associée à un nail biting sévère (cas cliniques).

Il faut être très clair : ces cas extrêmes sont rares, mais ils existent. Et ils montrent une chose : le corps n'est pas un décor. Quand il est agressé pendant des années, il finit parfois par parler autrement.

Ce que cette personne raconte, après, n'est pas "j'ai eu peur". C'est : "je ne pensais pas que mon geste pouvait aller jusque-là."

Comme si son corps parlait à la place de ses mots.

Je viens voir un match de volley de ma fille et, en attendant que le match commence, on s'ennuie un peu. Alors, avec les enfants qui vont servir de ramasseurs de balles, on commence à jouer au ballon.

Et puis, comme souvent dans le volley, quelques échanges suffisent pour que le jeu prenne vie. On finit par improviser un petit match en deux contre deux.

Mon jeune coéquipier n'a pas plus de douze ans. Il est ravi de jouer avec une adulte. Et il joue vraiment bien.

Il maîtrise déjà des gestes techniques, lit le jeu, anticipe. Très vite, on se régale dans ce binôme improvisé. On prend de plus en plus de défis dans notre petit match. Notre volley devient incroyable, intelligent, intuitif. On se comprend presque sans parler.

À un moment, il bloque une balle et grimace. Par réflexe d'entraîneur, je m'approche pour regarder sa main. Les petites blessures aux doigts, dans le volley, j'ai l'habitude de les gérer.

Mais lui semble gêné. Il cache immédiatement ses mains. Et là, j'ai juste le temps de voir qu'il n'a pratiquement plus d'ongles tellement ils sont rongés.

Plus tard, avec toute la délicatesse possible, j'ose lui demander pourquoi il fait ça.

Et il finit par m'avouer que, souvent, les paroles lui manquent. Que le sport est son seul moyen d'être vraiment libre et de s'exprimer. Et qu'il se ronge les ongles quand les mots sont absents.

Il me dit qu'au volley, c'est plus simple. Là, il sait quoi faire, comment réagir, comment répondre. Mais avec certaines émotions ou dans certaines situations de la vie, il ne trouve pas toujours les solutions. Alors le stress sort autrement. Par les doigts. Comme si son corps parlait à la place de sa voix.

Une petite parenthèse, sans lien direct avec le sujet de ce livre.

Lorsque vous inscrivez votre enfant à une activité sportive, gardez à l'esprit que le sport ne lui apporte pas seulement des bénéfices physiques. L'entraîneur que vous choisissez peut aussi devenir une personne de confiance, un adulte référent auprès duquel votre enfant pourra s'exprimer. À mesure qu'il grandit, un enfant a besoin d'adultes extérieurs à la famille à qui confier ses émotions, ses inquiétudes, ses doutes ou ses peurs.

Certaines choses lui seront parfois plus faciles à dire à un entraîneur, à un professeur ou à un éducateur qu'à ses propres parents. Le sport n'est donc pas seulement un lieu où l'on développe son corps. C'est aussi un espace où l'on apprend à gérer ses émotions, à reprendre confiance en soi et parfois à alléger ce qui pèse sur le cœur.

Choisissez donc avec soin non seulement l'activité sportive, mais aussi la personne qui accompagnera votre enfant sur ce chemin. Car, au-delà des performances et des résultats, une belle rencontre peut parfois marquer toute une vie.

« La manucure m'a servi de thérapie… puis de piège »

Voici un récit complexe, et il est très fréquent.

Lorsqu'elle découvre la manucure, c'est une véritable bouffée d'air. Pour la première fois depuis longtemps, ses mains ne sont plus uniquement associées à la honte ou à la lutte permanente contre le geste. Les faux ongles ou le gel jouent un double rôle : ils créent une barrière physique qui rend le rongement plus difficile, mais ils lui offrent aussi quelque chose de plus précieux encore, une raison d'être fière de ses mains.

Pendant quelque temps, tout change. Elle porte des bagues. Elle choisit un vernis voyant. Elle ose montrer ses mains sur une photo. Ce qui était auparavant un sujet d'embarras devient presque une source de satisfaction. Elle a l'impression de tourner une page. Puis la vie reprend son cours. Une période de stress. Une fatigue accumulée. Une contrariété. Un petit accroc à peine visible sur un ongle. Pour la plupart des gens, ce détail passerait inaperçu. Mais son cerveau le repère immédiatement. L'attention se fixe dessus. L'envie de « réparer » apparaît. Elle mord un peu. Puis davantage. Elle abîme l'ongle qu'elle avait pourtant mis tant d'efforts à protéger. La culpabilité s'installe. Elle s'en veut d'avoir « gâché » ce qu'elle avait réussi à construire. Et cette culpabilité alimente à son tour le besoin de corriger encore. Sans même s'en rendre compte, elle retombe dans un mécanisme bien connu : Imperfection → correction → soulagement → culpabilité → destruction.

C'est précisément ce que cette histoire met en lumière. Pendant longtemps, toute l'attention a été portée sur l'ongle, c'est-à-dire sur le symptôme visible.

Pourtant, la véritable fonction du comportement n'était pas l'ongle lui-même. Ce que le cerveau recherchait, c'était l'apaisement, la réduction d'une tension intérieure.

C'est pour cette raison que la solution ne réside généralement pas dans davantage de contrôle, de volonté ou de surveillance. Elle passe plutôt par l'apprentissage de nouveaux automatismes et la reprogrammation progressive du rituel. Des approches structurées, comme la HRT (Habit Reversal Training) et ses dérivés, sont d'ailleurs fréquemment citées parmi les méthodes les plus utiles pour les BFRB, car elles s'attaquent à la mécanique du comportement plutôt qu'à ses seules conséquences visibles.

Chapitre 19 : Les faux ongles, une vraie solution ?

D'après l'ensemble de mes échanges avec des spécialistes, une chose apparaît clairement: parmi toutes les approches qui ne constituent pas de véritables solutions, beaucoup reviennent à « mettre un pansement sur une jambe de bois ». Elles donnent l'impression d'agir, de reprendre le contrôle ou de faire disparaître le problème, mais sans jamais s'attaquer à sa cause. Elles embellissent, elles soulagent parfois, elles permettent même de gagner du temps, mais elles ne traitent pas le fond.

Dans cette catégorie, les soins esthétiques, et notamment la pose de faux ongles, occupent une place particulière. Car, contrairement à d'autres stratégies purement superficielles, ils peuvent apporter une aide réelle. Ce n'est pas une solution miracle et ce n'est pas un traitement de l'onychophagie, mais c'est un soutien concret, un outil qui peut aider à interrompre le geste et à amorcer un changement.

Pourquoi ? Parce qu'elle agit directement sur le comportement. Une personne qui a l'habitude de se ronger les ongles ne peut plus le faire de la même manière. Et surtout, selon de nombreux témoignages, mordre un ongle en gel ou en résine ne procure ni le même plaisir ni le même apaisement que mordre un ongle naturel. Le geste perd alors son intérêt et s'arrête souvent presque immédiatement après la pose. On peut donc se réjouir d'avoir gagné ? Une joie prématurée, car la cause profonde n'est pas en train d'être traitée, il ne s'agit que d'une fausse solution. Un simple habillage esthétique qui, à long terme, ne résout rien.

Ceci concerne tout le monde. Les femmes, bien sûr, mais aussi les hommes et les enfants. Beaucoup hésitent encore, pensant que ce n'est pas pour eux. Pourtant, de plus en plus d'hommes y ont recours, non pas pour une question d'esthétique, mais pour réparer des ongles abîmés et sortir du cycle de la morsure.

La pose de faux ongles joue aussi un rôle protecteur. Elle couvre l'ongle naturel et lui laisse le temps de repousser à l'abri. Pendant que la structure artificielle protège, l'ongle réel se reconstruit progressivement. Cela permet d'interrompre le cycle et de retrouver, peu à peu, un état presque normal.

Cela reste possible lorsque l'état des ongles le permet. Car parfois, ils sont tellement abîmés qu'aucune de ces solutions, ni la pose de faux ongles, ni les soins, ni les vernis amers ne peut être appliquée. Dans ces situations, il faut d'abord passer par une phase de réparation avant de pouvoir mettre en place ces aides.

Ce qui gâche une vie, ce n'est pas le geste : c'est l'enfermement

Ce qui détruit, ce n'est pas "les ongles courts". C'est vivre avec un secret permanent, se juger chaque jour, se cacher, se sentir "inférieur" et se croire incapable de changer.

Les données sur les BFRB(Body-Focused Repetitive Behaviors en français: comportements répétitifs centrés sur le corps), en général, montrent des liens avec la qualité de vie, l'anxiété, la dépression, et des préoccupations sociales (comme la peur de l'évaluation négative), ainsi que des conduites d'évitement.

Et c'est exactement pour cela que mon livre a une mission : faire sortir l'onychophagie du registre du ridicule, pour la mettre dans le registre du compréhensible.

Faire sortir mon cher lecteur de la honte, pour l'amener vers une stratégie. Parce que quand on comprend, on peut agir. Et quand on peut agir, la vie se réouvre.

Chapitre 20 : Quand et comment se faire aider - choisir le bon professionnel, au bon moment

Quand l'aide extérieure devient nécessaire.

Il n'existe pas de règle absolue. Mais il existe des signaux clairs que l'on peut observer sans dramatiser.

L'aide est fortement indiquée lorsque l'onychophagie est : ancienne, parfois présente depuis l'enfance ; lorsqu'elle est envahissante et difficile à interrompre ; lorsqu'elle entraîne des lésions répétées, des douleurs, des saignements ou des infections ; lorsqu'elle s'accompagne d'autres comportements auto-agressifs touchant la peau, les cheveux ou les lèvres ; lorsqu'elle a un impact important sur la vie sociale, professionnelle ou affective ; ou encore lorsque la honte, la culpabilité ou l'auto-dévalorisation occupent une place centrale.

Dans ces situations, continuer seul revient souvent à répéter les mêmes tentatives, avec les mêmes échecs et une fatigue morale croissante. L'aide extérieure ne fait pas le travail à votre place. Elle aide à structurer, orienter et sécuriser la démarche.

2. Ce que l'on sait aujourd'hui : ce qui fonctionne le mieux

Il est important de faire le tri parmi les nombreuses informations parfois contradictoires. L'onychophagie appartient à la famille des comportements répétitifs centrés sur le corps (BFRB). Les approches les plus efficaces sont les approches comportementales ou les approches comportementales intégrées. Cela ne signifie pas que tout le reste est inutile. Cela signifie simplement que le cœur du travail thérapeutique se situe généralement à cet endroit.

3. Les approches réellement utiles

3.1. Les thérapies cognitivo-comportementales (TCC)

Les TCC constituent aujourd'hui l'approche la plus utilisée et la mieux documentée pour les BFRB. Cependant, toutes les TCC ne se valent pas et tous les thérapeutes formés aux TCC ne travaillent pas spécifiquement sur les comportements répétitifs. Les approches les plus pertinentes ici sont celles qui s'intéressent directement au comportement. Elles travaillent notamment sur la prise de conscience du geste, les déclencheurs, les rituels, les réponses alternatives et l'environnement. Un thérapeute compétent ne se contentera pas d'échanger pendant la séance. Il proposera également des exercices concrets à réaliser entre les rendez-vous.

3.2. L'Habit Reversal Training (HRT)

Le HRT constitue la colonne vertébrale du traitement comportemental des BFRB. Il ne s'agit pas d'une simple astuce, mais d'un protocole structuré utilisé depuis plusieurs décennies pour traiter notamment l'onychophagie, la trichotillomanie et le trouble d'excoriation. Il repose sur quatre piliers : l'entraînement à la conscience du geste, la mise en place d'une réponse concurrente, le soutien et le renforcement, ainsi que la généralisation des apprentissages. Un professionnel compétent doit être capable d'expliquer le HRT de façon simple, de l'adapter à votre profil et de vous aider à l'appliquer dans votre vie quotidienne. Si un thérapeute ne connaît pas le HRT ou le considère sans intérêt, cela ne signifie pas qu'il est mauvais. En revanche, il n'est probablement pas le professionnel le plus adapté à cette problématique particulière.

3.3. Le modèle ComB (Comprehensive Behavioral Model)

Le ComB est une évolution du HRT. Il repose sur une idée simple : un même comportement peut remplir des fonctions différentes selon les personnes. Cette approche analyse cinq dimensions :

sensorielle, cognitive, affective, motrice et contextuelle. Elle est particulièrement utile lorsque le HRT classique ne suffit pas, lorsque plusieurs déclencheurs se superposent ou lorsque la personne se sent atypique ou difficile à comprendre. Le travail est alors davantage personnalisé, ce qui peut être particulièrement rassurant pour les personnes qui ont déjà essayé de nombreuses solutions sans succès.

3.4. L'ACT (Acceptance and Commitment Therapy)

L'ACT n'est pas une thérapie contre les comportements. C'est une thérapie qui vise à réduire la lutte permanente contre les émotions, les pensées et les sensations désagréables. Elle est particulièrement pertinente lorsque l'onychophagie s'accompagne d'une forte rigidité intérieure, lorsque la personne cherche constamment à contrôler ou supprimer ses émotions, ou encore lorsque la honte et l'auto-critique occupent une place importante. L'ACT ne remplace pas le travail comportemental dans les BFRB. En revanche, son intégration peut profondément modifier la relation entretenue avec le geste. Elle aide notamment à prévenir les cycles de rechute particulièrement douloureux et le remplacement d'un comportement problématique par un autre.

3.5. Les approches psychodynamiques et analytiques

Ces approches peuvent avoir leur place dans certains parcours, mais il est important d'être réaliste. Elles ne suffisent généralement pas, à elles seules, pour faire disparaître l'onychophagie. Elles peuvent cependant aider à comprendre l'histoire personnelle, les conflits émotionnels, les mécanismes psychiques sous-jacents et le sens que le comportement a pu prendre au fil du temps. Elles deviennent particulièrement intéressantes en complément d'un travail comportemental, après une stabilisation du comportement ou chez les personnes ayant un fort besoin de compréhension de soi. Lorsque le comportement reste actif, envahissant ou mutilant, une prise en charge exclusivement analytique est souvent insuffisante.

Chapitre 21 : Quand l'onychophagie cache autre chose ***TOC, anxiété, TDAH, hypersensibilité***

Il arrive un moment, dans le parcours de certaines personnes, où une évidence s'impose presque à contrecœur : ce n'est pas seulement une mauvaise habitude.

On a beau mettre en place des stratégies, comprendre la fonction du geste, apaiser le système nerveux, détourner le rituel… quelque chose résiste. Le geste diminue, puis revient. Il se transforme. Il migre. Dans ces cas-là, l'onychophagie n'est plus seulement un comportement isolé. Elle devient un symptôme visible d'un fonctionnement plus global.

Ce chapitre est là pour clarifier, déculpabiliser, et surtout éviter les impasses. Car non : chercher s'il y a "autre chose derrière" ne signifie pas que la situation est irréparable. Cela signifie simplement qu'il faut changer de niveau de lecture.

1. Un principe fondamental : l'onychophagie n'est jamais "hors contexte"

Le corps ne produit pas des gestes répétitifs par hasard. Il réagit à un terrain. Ce terrain peut être : émotionnel, cognitif, neurodéveloppemental, sensoriel, ou une combinaison de tout cela. Lorsque l'onychophagie persiste malgré un travail sérieux, ou lorsqu'elle coexiste avec d'autres difficultés, il devient essentiel de se poser une question simple, mais décisive : Et si ce geste était la pointe émergée d'un iceberg plus vaste ?

2. Onychophagie et troubles obsessionnels compulsifs (TOC)

Ce qu'il faut comprendre

L'onychophagie n'est pas automatiquement un TOC. Mais elle peut, chez certaines personnes, s'inscrire dans un fonctionnement obsessionnel-compulsif. Dans ce cas, le geste n'est pas seulement apaisant. Il est impératif.

Il y a : une tension interne intense ; une sensation d'urgence ; parfois une pensée associée : "il faut que ce soit fait", "je ne peux pas laisser ça" ; et un soulagement temporaire après le geste.

Ce cycle ressemble fortement à celui des TOC classiques.

Signes qui doivent alerter

Le geste est précédé d'une angoisse précise, parfois très ciblée ; l'arrêt du geste provoque une montée d'angoisse difficilement tolérable ; le comportement est ritualisé (ordre précis, durée, règles internes) ; il existe d'autres rituels (vérifications, répétitions, pensées envahissantes). Dans ces situations, traiter uniquement l'onychophagie sans prendre en compte le fonctionnement obsessionnel global est souvent insuffisant.

Ce qui aide vraiment

Une approche TCC spécialisée TOC ; parfois un traitement médicamenteux (ISRS), non pour "supprimer le geste", mais pour réduire la pression obsessionnelle ; un travail comportemental ciblé sur l'exposition et la prévention de la réponse.

Il est important de le dire clairement : si l'onychophagie s'inscrit dans un TOC, ce n'est pas une faiblesse, c'est un trouble identifiable et traitable.

3. Onychophagie et anxiété chronique

Le cas le plus fréquent

Chez beaucoup de personnes, l'onychophagie est liée à une anxiété de fond, parfois discrète, parfois très ancienne. Pas forcément des crises d'angoisse. Mais un état de tension quasi permanent.

Ces personnes disent souvent : "Je suis toujours un peu sur le qui-vive" ; "Je n'arrive jamais vraiment à me détendre" ; "Même quand tout va bien, mon corps est tendu". Le geste devient alors une micro-décharge, répétée des dizaines de fois par jour.

Pourquoi ça dure si longtemps

Parce que l'anxiété chronique devient un mode de fonctionnement. Et que l'onychophagie devient un outil intégré au quotidien. Ces personnes ont souvent essayé : la volonté ; la distraction ; la culpabilisation. Mais sans traiter le fond anxieux, le geste revient, parfois sous d'autres formes.

Ce qui change la donne

Un travail sur la régulation émotionnelle ; des techniques corporelles régulières (respiration, relâchement, mouvement) ; parfois une prise en charge thérapeutique centrée sur l'anxiété.

C'est ici que je veux rappeler une vérité essentielle : on ne peut pas demander à un corps anxieux de rester immobile sans lui offrir d'autres sorties.

4. Onychophagie et TDAH (trouble de l'attention avec ou sans hyperactivité)

Un lien souvent ignoré. Le lien entre TDAH et comportements répétitifs est encore sous-estimé dans le grand public.

Chez certaines personnes TDAH, l'onychophagie n'est ni une obsession, ni une anxiété au sens classique. C'est une autorégulation de l'attention. Ces personnes décrivent : une agitation interne ; une difficulté à rester concentrées sans stimulation ; un besoin constant de bouger, toucher, manipuler.

Le geste apparaît : pendant la concentration ; devant les écrans ; lors des temps d'attente.

Pourquoi les stratégies classiques échouent

Demander à une personne TDAH de "ne rien faire avec ses mains" est souvent irréaliste. Le cerveau a besoin de stimulation. Si on supprime le geste sans proposer d'alternative fonctionnelle, il sera remplacé.

Ce qui aide vraiment

Comprendre le fonctionnement attentionnel ; accepter le besoin de stimulation ; organiser l'environnement (objets, mouvements, pauses) ; parfois, un diagnostic et une prise en charge adaptée changent radicalement la trajectoire.

Dans ce cas, l'onychophagie n'est pas un problème isolé : c'est un symptôme d'un cerveau qui cherche à fonctionner correctement.

5. Onychophagie et hypersensibilité

Quand tout est trop. Chez certaines personnes hypersensibles, le monde est vécu comme : trop bruyant ; trop rapide ; trop intense. Le système nerveux est facilement saturé. Et l'onychophagie devient une tentative de réduction sensorielle.

Un geste répétitif, connu, prévisible, qui recentre. Ces personnes disent souvent : "Je me sens vite envahie" ; "Je capte tout" ; "Je n'arrive pas à faire le tri".

Le piège

L'hypersensibilité n'est pas un trouble en soi. Mais si elle n'est pas reconnue, elle devient épuisante. Le geste arrive alors comme une béquille permanente.

Ce qui aide

Réduire la surcharge sensorielle ; apprendre à reconnaître les signes de saturation ; instaurer des temps de récupération ; cesser de se forcer à "tenir". Dans ce contexte, l'onychophagie est souvent le dernier rempart avant l'effondrement.

6. Quand plusieurs dimensions se croisent

La réalité est souvent plus complexe que les catégories. Une même personne peut être : anxieuse et hypersensible ; TDAH et perfectionniste ; porteuse de traits obsessionnels sans TOC structuré.

Et l'onychophagie devient alors un point de convergence. C'est pour cela que j'insiste sur une chose essentielle : il n'y a pas une seule cause, ni une seule solution. Il y a des vies. Des histoires. Des situations différentes.

Si l'onychophagie persiste, ce n'est pas parce que vous n'avez pas fait assez d'efforts. C'est peut-être parce que ce geste parle d'autre chose, et qu'il est temps d'écouter ce message-là. Non pour s'inquiéter, mais pour s'orienter enfin au bon endroit.

Chapitre 22 : Thérapies qui fonctionnent vraiment

TCC, ACT, EMDR, hypnose, pleine conscience

Il existe un moment charnière, chez les personnes concernées par l'onychophagie, où une question finit par s'imposer : « D'accord… mais qu'est-ce qui aide vraiment ? » Pas ce qui fait du bien sur le moment. Mais ce qui, dans la durée, modifie le rapport au geste, au corps, à la tension, et à soi.

Ce chapitre est volontairement clair, structuré et honnête. Il ne classe pas les thérapies en « bonnes » ou « mauvaises ». Il les replace dans leur champ d'efficacité réel, leurs indications, leurs limites, et surtout leur logique profonde. Car une thérapie ne fonctionne pas « en soi ». Elle fonctionne quand elle correspond au mécanisme dominant chez la personne.

Un principe essentiel avant de comparer les thérapies

L'onychophagie n'est pas une maladie unique. C'est un comportement multifonctionnel. Selon les personnes, elle peut servir à : apaiser l'anxiété, réduire une tension interne, canaliser l'attention, gérer une surcharge émotionnelle, neutraliser une sensation insupportable, maintenir un contrôle, ou tout cela à la fois. La thérapie la plus efficace est celle qui agit sur la fonction dominante du geste, pas celle qui est la plus connue.

TCC (Thérapies cognitivo-comportementales)

La base la plus solide pour les comportements répétitifs.

Pourquoi elles fonctionnent

Les TCC sont aujourd'hui la référence principale pour les comportements répétitifs centrés sur le corps (BFRB), dont l'onychophagie. Pourquoi ? Parce qu'elles travaillent là où le problème se maintient : les automatismes, les déclencheurs, les rituels, les réponses corporelles. Elles ne cherchent pas à « comprendre pourquoi » avant d'agir. Elles cherchent à modifier ce qui se passe concrètement, ici et maintenant.

Ce que les TCC apportent concrètement : apprentissage de la conscience du geste, identification des moments à risque, interruption structurée du rituel, mise en place de réponses concurrentes, ajustements environnementaux.

C'est l'approche la plus directe, la plus pragmatique, la plus reproductible.

Limites de cette thérapie : peut sembler trop « technique » pour certaines personnes ; parfois insuffisante seule quand le geste est très lié à une souffrance émotionnelle profonde ; dépend beaucoup de la formation spécifique du thérapeute aux BFRB.

Idéale quand l'onychophagie est très comportementale, automatique, ancienne.

1. **ACT (Acceptance and Commitment Therapy)**

Quand la lutte intérieure entretient le geste.

Ce qu'elle change profondément

L'ACT ne cherche pas à supprimer l'envie. Elle apprend à cesser de lutter contre l'expérience intérieure. Beaucoup de personnes se rongent les ongles non seulement pour se calmer, mais pour ne plus ressentir : la tension, l'émotion, l'inconfort, l'impatience, le vide.

L'ACT propose un changement radical de posture : « Je peux ressentir sans obéir. » (Je peux accueillir l'inconfort sans passer à l'acte.)

Ce qu'elle apporte dans l'onychophagie : désolidarisation entre l'envie et l'acte, réduction de la honte et de l'auto-attaque, acceptation des fluctuations (rechutes sans spirale), recentrage sur les valeurs plutôt que sur la performance.

Pourquoi elle est souvent plus efficace combinée

Seule, l'ACT peut aider à mieux vivre l'envie. Mais combinée à des outils comportementaux, elle devient extrêmement puissante. Particulièrement adaptée aux personnes très dures avec elles-mêmes, perfectionnistes, anxieuses, hypersensibles.

2. EMDR

Quand l'onychophagie est liée à un trauma ou à une surcharge émotionnelle ancienne.

Ce que l'EMDR traite vraiment

L'EMDR ne traite pas un comportement. Il traite des réseaux de mémoire émotionnelle non digérés. Chez certaines personnes, l'onychophagie apparaît ou s'aggrave après un choc, dans un contexte d'insécurité prolongée, ou chez des personnes ayant grandi dans une tension constante. Le geste devient alors une tentative de régulation face à un système nerveux traumatisé.

Ce que l'EMDR peut apporter : diminution de l'hyperactivation du système nerveux, apaisement profond, réduction des déclencheurs émotionnels intenses.

Limites de cette thérapie : ne remplace pas le travail comportemental ; ne cible pas directement le geste ; nécessite un thérapeute formé et expérimenté.

Utile quand l'onychophagie est clairement reliée à un vécu traumatique ou à une insécurité chronique.

3. Hypnose

Quand l'accès au corps est plus efficace que le raisonnement.

Pourquoi certaines personnes y répondent bien.

L'hypnose agit sur les automatismes, les états de conscience et les associations inconscientes. Chez certaines personnes, le geste est tellement rapide, tellement dissocié, que le travail conscient arrive trop tard. L'hypnose peut alors ralentir l'automatisme, introduire une alternative et modifier l'association tension - geste. Mais attention.

L'hypnose n'est pas standardisée. Son efficacité dépend énormément du praticien, de la suggestibilité de la personne et de l'intégration avec d'autres outils. Elle peut être un levier intéressant, mais rarement suffisante seule sur le long terme.

4. Pleine conscience (mindfulness)

Apprendre à voir venir, sans se juger.

Ce qu'elle fait très bien

La pleine conscience développe l'observation fine des sensations, la détection précoce des impulsions et la tolérance à l'inconfort. Elle est particulièrement utile pour repérer l'instant où la main monte, rester présente sans agir immédiatement et réduire la réaction automatique.

Ce qu'elle ne fait pas

Elle ne « corrige » pas un rituel, elle ne remplace pas une réponse concurrente et elle demande une pratique régulière. Excellente en soutien, insuffisante seule pour une onychophagie sévère.

Ce qui fonctionne le mieux dans la réalité

Les parcours les plus solides sont intégratifs. Très souvent, ce qui donne les meilleurs résultats est : TCC / HRT pour reprogrammer le geste ; ACT ou pleine conscience pour réduire la lutte ; EMDR si un trauma est présent ; ajustements environnementaux continus. Ce n'est pas une question de « meilleure thérapie ». C'est une question de bonne combinaison, au bon moment.

Comment choisir, concrètement

Si vous vous reconnaissez surtout dans…	Approche à privilégier
Un geste très automatique, ancien, qui se produit souvent sans même que vous vous en rendiez compte	TCC / HRT
Une forte honte, beaucoup d'auto-critique, du perfectionnisme ou une lutte permanente contre vos émotions	ACT
Une histoire marquée par un traumatisme, une insécurité chronique ou des événements difficiles non digérés	EMDR
Un geste impulsif, rapide, presque dissocié, qui semble se produire avant même que vous y pensiez	Hypnose associée à une approche comportementale
Une bonne conscience corporelle, l'envie d'apprendre à repérer les signaux précoces et d'anticiper les envies	Pleine conscience (en complément d'autres outils)

Important : cette grille n'a pas valeur de diagnostic. Beaucoup de personnes se reconnaîtront dans plusieurs colonnes à la fois. Dans ce cas, les approches peuvent être complémentaires.

L'objectif n'est pas de trouver « la meilleure thérapie », mais celle qui correspond le mieux à votre fonctionnement actuel.

Une vérité essentielle à transmettre

Aucune thérapie ne « guérit » quelqu'un à sa place. Mais certaines ouvrent des chemins que la volonté seule ne peut pas emprunter. Et chercher celle qui vous correspond n'est pas un luxe. C'est un acte de respect envers votre corps. Il n'existe pas de thérapie parfaite. Il existe des personnes qui cessent de se battre seules, et qui choisissent enfin un accompagnement à la hauteur de leur souffrance.

PARTIE III : GUÉRIR DANS LA DURÉE

Chapitre 23 : Rechutes - pourquoi elles sont normales. Ce que disent vraiment les neurosciences

Il faut commencer ce chapitre par une vérité simple, mais libératrice : la rechute n'est pas un échec. Elle est un phénomène neurobiologique normal dans tout processus de changement durable.

Si ce chapitre est important, c'est parce que la plupart des personnes qui se rongent les ongles ne souffrent pas seulement du geste. Elles souffrent de ce qu'elles ressentent et se disent quand le geste revient. Et ce discours intérieur, dur et accusateur, est souvent ce qui transforme une simple fluctuation en retour massif du comportement. Comprendre la rechute, ce n'est donc pas « se préparer à échouer ». C'est se donner les moyens de tenir.

1. Le cerveau n'efface pas : il superpose

Quand on parle de « changer une habitude », on imagine souvent que le cerveau supprime l'ancienne et la remplace par une nouvelle. En réalité, ce n'est pas du tout ce qui se passe. Le cerveau fonctionne par superposition de circuits, pas par effacement.

Le circuit de l'onychophagie, construit parfois depuis l'enfance, ne disparaît pas. Il devient simplement moins dominant quand de nouveaux circuits sont renforcés. Et dans certaines conditions, l'ancien circuit peut redevenir plus accessible. Ces conditions sont bien connues en neurosciences : fatigue, stress aigu, surcharge émotionnelle, manque de sommeil, sentiment d'insécurité, isolement, forte activation émotionnelle. Autrement dit : tout ce qui diminue les capacités de régulation du cerveau préfrontal.

2. Le rôle clé du cortex préfrontal

Le cortex préfrontal est la zone du cerveau impliquée dans l'inhibition, la prise de décision, la régulation des impulsions, la planification et le choix différé. C'est lui qui permet de dire : « Je sens l'envie, mais je choisis autre chose. » Or, ce cortex est très sensible à la fatigue et au stress. Quand il est affaibli, les automatismes prennent le dessus, les comportements appris anciens redeviennent dominants et le cerveau cherche la solution la plus rapide, la plus connue. Et l'onychophagie, si elle a longtemps servi à apaiser, fait partie de ces solutions « rapides ».

Une rechute dit souvent : « votre système de contrôle est temporairement débordé ». Elle ne dit pas : « vous n'avez rien appris ».

3. Le striatum : la mémoire des habitudes

Les habitudes automatiques sont principalement encodées dans des structures profondes du cerveau, notamment le striatum. Ce système apprend par répétition : tension → geste → soulagement. Plus ce cycle a été répété, plus il est rapide, efficace, économique pour le cerveau.

Même après des mois d'amélioration, ce circuit reste stocké. Il peut être réactivé en quelques secondes, si les conditions sont réunies. C'est pour cela que certaines personnes disent : « Je ne comprends pas, j'allais mieux, et en une soirée tout est revenu. » Ce n'est pas un retour en arrière. C'est une réactivation contextuelle.

4. Stress, cortisol et accès aux anciens circuits

Le stress joue un rôle central dans la rechute. Lorsqu'une personne est stressée, le cortisol augmente, l'amygdale (centre de détection de menace) devient plus active et le cerveau privilégie les réponses rapides et connues. Dans cet état, les comportements appris de longue date ont un avantage compétitif sur les stratégies nouvelles, encore fragiles.

5. Pourquoi la honte aggrave tout

Voici un point crucial : la honte active le stress. Le stress réactive les automatismes. Les automatismes ramènent le geste. Quand une personne se dit : « Je suis nulle », « Je n'y arriverai jamais », « J'ai tout gâché », elle alimente exactement le terrain neurobiologique qui favorise la rechute.

À l'inverse, les études sur l'apprentissage et le changement comportemental montrent que la sécurité émotionnelle, la compassion envers soi et la réinterprétation de l'erreur comme information favorisent la consolidation des nouveaux circuits. Ce n'est pas la rechute qui est dangereuse. C'est ce qu'on en fait.

6. La rechute comme signal, pas comme verdict

D'un point de vue neuroscientifique, une rechute est un signal d'alerte. Elle peut indiquer une fatigue accumulée, un stress mal identifié, un besoin d'apaisement non satisfait ou une stratégie encore insuffisante dans certains contextes.

Elle dit : « Dans cette situation précise, ton cerveau n'avait pas assez d'options disponibles. » Et c'est une information extrêmement précieuse. Les personnes qui guérissent dans la durée ne sont pas celles qui ne rechutent jamais. Ce sont celles qui apprennent à lire leurs rechutes.

7. Pourquoi les rechutes diminuent avec le temps

Bonne nouvelle : la répétition joue aussi en ta faveur. Chaque fois que tu identifies une rechute sans te détruire, que tu réactives rapidement tes outils, que tu ajustes ton environnement, que tu t'apaises autrement, tu renforces les nouveaux circuits.

Progressivement, les rechutes deviennent moins fréquentes, moins intenses, plus courtes, moins chargées émotionnellement. Et surtout : elles cessent de définir qui tu es. Le cerveau apprend que l'onychophagie n'est plus la seule issue, que d'autres chemins existent et que le soulagement peut venir autrement.

Une phrase clé à vous transmettre, mon cher lecteur

Une rechute ne signifie pas que vous êtes revenu au point de départ. Elle signifie que votre cerveau a emprunté un ancien chemin parce qu'il était fatigué. Et un cerveau fatigué a besoin d'aide, pas de condamnation.

Ce chapitre ouvre naturellement la porte au suivant : après avoir compris pourquoi les rechutes sont normales, il devient possible d'apprendre comment les traverser intelligemment, comment limiter leur durée, et comment transformer chaque retour du geste en pas supplémentaire vers la guérison.

Chapitre 24 : Reconstruire une relation saine à ses mains

Soin, toucher, réparation symbolique

Il existe une étape que de nombreux parcours négligent, ou abordent seulement à la toute fin. Pourtant, elle joue un rôle essentiel. Comprendre le mécanisme du geste, apprendre à le détourner ou réduire les rechutes constitue une partie importante du chemin, mais cela ne suffit pas toujours. Tant que les mains restent associées à la honte, à la surveillance permanente, au contrôle ou à une forme de violence contre soi-même, quelque chose continue de faire obstacle.

Ce chapitre n'est pas centré sur les techniques ou les stratégies. Il parle de réparation. Il explore ce qui devient possible lorsque l'on cesse de se battre contre soi-même et que l'on commence à reconstruire une relation plus douce avec son corps, et en particulier avec ses mains.

1. Les mains : premières médiatrices entre soi et le monde

Les mains sont bien plus que de simples outils. Elles constituent l'un de nos principaux moyens d'interaction avec le monde. Elles nous permettent d'explorer, de créer, d'entrer en relation avec les autres. Dès les premières années de vie, elles jouent un rôle essentiel dans la découverte de l'environnement : avant même de pouvoir mettre des mots sur les choses, l'enfant les touche, les saisit et les expérimente.

Lorsque l'onychophagie s'installe tôt, cette relation peut peu à peu se transformer. Les mains cessent alors d'être un espace de contact et d'exploration pour devenir un foyer de tension. Au lieu d'être simplement vécues, elles sont observées, contrôlées, cachées ou malmenées. Avec le temps, elles peuvent même devenir une source de gêne ou de conflit intérieur.

Retrouver une relation apaisée avec ses mains ne consiste donc pas seulement à améliorer leur apparence. Il s'agit de restaurer un lien fondamental entre soi, son corps et le monde qui l'entoure.

2. Quand les mains deviennent un champ de bataille

De nombreuses personnes concernées par l'onychophagie entretiennent avec leurs mains une relation difficile. Elles les perçoivent comme un problème à résoudre, une faiblesse à contrôler ou une source permanente de frustration. Il n'est pas rare d'entendre des phrases comme : « Je déteste mes mains », « Elles me trahissent » ou encore « Je dois constamment les surveiller ».

Cette façon de se représenter ses propres mains n'est pas sans conséquence. Lorsqu'une partie du corps est vécue comme une ennemie, elle devient naturellement associée à la tension, à la vigilance et au conflit intérieur. Plus cette hostilité s'installe, plus le terrain devient favorable au retour des comportements automatiques que l'on cherche précisément à faire disparaître.

Or, il est difficile de construire un changement durable en restant dans une logique de lutte permanente contre soi-même. Avec le temps, la guérison implique souvent un changement de regard : les mains ne sont plus un problème à contrôler ou à surveiller sans relâche, mais une partie de soi à réinvestir, à comprendre et à réhabiter avec davantage de bienveillance.

3. Le soin : pas esthétique, relationnel

Quand on parle de soin des mains, beaucoup pensent immédiatement à l'esthétique. Or ici, le soin n'est pas une question d'apparence. C'est une posture intérieure. Le soin dit au corps : « Je vois ce qui a été abîmé. », « Je répare. » Pour des personnes qui ont longtemps vécu dans la contrainte et l'auto-violence, ce message est profondément nouveau.

Le soin comme rituel de sortie de la violence

Appliquer une crème lentement, masser chaque doigt, prendre quelques instants pour ses mains : ces gestes paraissent simples, mais ils changent profondément la relation au corps. Là où il y avait morsure, il y a désormais un contact doux. Là où il y avait destruction, il y a soin et attention. Peu à peu, le corps enregistre ce changement, même lorsque l'esprit peine encore à y croire.

4. Le toucher : réapprendre la sécurité

Le toucher est l'un des premiers langages de l'apaisement. Mais chez beaucoup de personnes concernées par l'onychophagie, le toucher est devenu ambivalent : tantôt apaisant, tantôt agressif, parfois absent. Reconstruire une relation saine aux mains passe par un toucher sécurisé, volontaire, lent, non utilitaire.

Toucher sans objectif

Non pas pour faire disparaître une envie ou empêcher un geste, mais simplement pour ressentir. Sentir la peau, la chaleur, la texture. Cette manière de toucher permet de retrouver un contact avec ses mains qui n'est ni défensif ni compulsif. Au début, cela peut sembler étrange, voire inconfortable. C'est normal : il s'agit de réinvestir une partie du corps longtemps associée à la tension et à la lutte.

5. Faire la paix avec son histoire

Pour certaines personnes, les mains portent bien plus que les traces physiques de l'onychophagie. Elles rappellent parfois des années de lutte, de promesses non tenues, de découragement ou de honte. Beaucoup regardent leurs mains et pensent immédiatement à tout ce qu'elles n'ont pas réussi à changer. Chaque ongle rongé devient alors la preuve d'un échec personnel. Pourtant, cette lecture est souvent injuste.

Pendant longtemps, l'onychophagie n'a pas été un acte de sabotage. Elle a été une tentative, maladroite mais réelle, de gérer une tension, une émotion ou un inconfort. Le geste a pu être problématique, mais il répondait à un besoin.

Faire la paix avec son histoire consiste à reconnaître cette réalité. Non pas pour excuser le comportement, mais pour cesser de se condamner. On ne peut pas changer ce qui a été vécu. En revanche, on peut choisir le regard que l'on porte aujourd'hui sur ce parcours.

Vos mains ne racontent pas seulement vos difficultés. Elles racontent aussi tous les efforts que vous avez fournis pour avancer. Et peut-être est-il temps, aujourd'hui, de les regarder avec davantage de compréhension que de reproches.

6. Réintroduire les mains dans la relation aux autres

Avec le temps, le réflexe de cacher ses mains devient un automatisme, une triste habitude qui finit par s'installer dans le quotidien. Pourtant, cette discrétion n'est pas anodine. Elle entretient l'idée que les mains sont source de gêne ou de honte.

Retrouver une relation plus sereine avec ses mains passe aussi par de petits gestes du quotidien : les laisser visibles, les poser naturellement sur une table, ne plus chercher systématiquement à les dissimuler. Chaque petit pas contribue à envoyer un message rassurant au cerveau : il n'y a plus de raison de se protéger en permanence.

7. Quand le soin devient un soutien à la guérison

À ce stade, le soin n'a plus pour objectif d'empêcher un geste ou de lutter contre une envie. Il devient un soutien, un repère, une manière de prendre soin de soi au quotidien. Certaines personnes choisissent un rituel du soir, d'autres préfèrent un moment calme le matin. Peu importe le moment choisi. Ce qui compte, c'est le message que l'on s'envoie à travers ce geste : « Je prends soin aujourd'hui de ce que j'ai longtemps malmené. » Répété dans le temps, ce rituel contribue à ancrer de nouvelles habitudes et à inscrire le changement dans le corps autant que dans l'esprit.

8. Une vérité souvent ignorée

On ne se libère pas durablement d'un comportement auto-agressif sans changer la relation que l'on entretient avec la partie du corps concernée. Tant que les mains restent associées à la honte, à la culpabilité ou au rejet, il est difficile d'avancer pleinement. À l'inverse, lorsqu'elles deviennent un objet de soin, d'attention et de bienveillance, une nouvelle dynamique peut progressivement s'installer.

Vos mains ne sont pas le symbole de votre échec. Pendant longtemps, elles ont été un moyen de faire face au stress, aux émotions difficiles ou aux tensions du quotidien. Aujourd'hui, elles peuvent devenir le symbole d'un changement, d'une réconciliation avec vous-même et d'un chemin vers la réparation.

Chapitre 25 : Vivre sans se surveiller

1.Liberté réelle, disparition progressive du besoin

Il existe une illusion tenace, presque trompeuse, de la guérison. Celle d'un état parfait, stable, sans tentation, sans retour possible. Une ligne droite. Un « après » définitif. Ce chapitre est là pour vous offrir une vision plus juste de ce que signifie réellement se libérer.

Vivre sans se surveiller ne signifie pas ne plus jamais ressentir d'envie. Cela signifie ne plus avoir besoin de lutter contre soi pour vivre. La véritable liberté ne consiste pas à exercer une surveillance permanente sur soi-même, ni à atteindre une perfection irréprochable. Elle se manifeste plutôt par une absence progressive de nécessité : le moment où le geste cesse d'occuper le centre de votre attention.

Vous ne penserez probablement plus à vos ongles à chaque instant. Vous n'aurez peut-être plus jamais cette tension constante qui vous poussait à les cacher ou à les juger. Et surtout, vous cesserez de définir une partie importante de votre identité à travers ce comportement. C'est cela, la liberté réelle.

2. Ce que la liberté n'est pas

Beaucoup de personnes imaginent qu'elles seront libres quand elles ne penseront plus du tout à leurs ongles, qu'elles n'auront plus jamais de geste parasite ou qu'elles pourront baisser totalement la garde. Mais cette représentation est dangereuse, parce qu'elle maintient un idéal inaccessible. Et quand l'idéal n'est pas atteint, la surveillance revient. La liberté n'est pas l'éradication totale. La liberté, c'est quand le geste cesse d'être central. Quand il n'organise plus la journée. Quand il ne définit plus l'image de soi. Quand il n'est plus un combat permanent.

3. Le moment clé : quand le besoin commence à disparaître

Il y a un tournant profond, que beaucoup de personnes décrivent sans toujours le reconnaître. Un jour, elles réalisent qu'elles ont traversé une situation stressante sans se ronger les ongles, ou qu'elles ont eu envie mais que l'envie est passée sans action, ou encore qu'elles aient oublié leurs mains pendant des heures. Ce moment est souvent banalisé. Et pourtant, il marque quelque chose de fondamental : le cerveau commence à considérer d'autres options comme valables. Ce n'est pas la disparition du geste. C'est la perte de son statut de solution prioritaire.

4. Comment le cerveau « désapprend » un comportement

Le cerveau n'oublie pas brutalement une stratégie ancienne. Il la déclasse. Tant que l'onychophagie est la solution la plus rapide, la plus fiable, la plus connue, elle reste disponible. Mais quand d'autres solutions ont prouvé, dans le temps, qu'elles fonctionnent - respiration, mouvement, manipulation non destructrice, apaisement émotionnel, parole ou retrait temporaire - le cerveau commence à faire autre chose. Non pas par effort, mais par économie. Il choisit ce qui coûte le moins. Et un jour, se ronger les ongles devient moins efficace, moins nécessaire, même inutile.

5. Le paradoxe de la liberté : moins on surveille, plus ça tient

C'est l'un des points les plus contre-intuitifs. Tant que l'on se surveille, le geste reste au centre, l'attention est focalisée et la tension augmente. Quand la surveillance diminue, l'attention se libère, la tension baisse et le geste perd son carburant.

La liberté réelle n'arrive pas quand on contrôle parfaitement. Elle arrive quand on n'a plus besoin de contrôler autant. Cela ne veut pas dire abandonner tous les outils. Cela veut dire les laisser en arrière-plan, disponibles, mais non omniprésents.

6. Apprendre à faire confiance au corps

À un moment donné, la guérison devient une question de confiance. Confiance dans le fait que le corps sait désormais s'apaiser autrement, que les mains peuvent rester tranquilles sans contrainte et qu'une envie passagère n'est pas un danger. Cette confiance ne se décrète pas. Elle se construit par l'expérience répétée : « Il s'est passé quelque chose de difficile, et je n'ai pas replongé. » Chaque expérience de ce type est une preuve interne. Et le cerveau se nourrit de preuves, pas de promesses.

7. Quand l'onychophagie cesse d'être une identité

Les personnes qui souffrent de ce comportement pensent d'elles-mêmes : « J'ai un vice honteux ; je suis quelqu'un qui se ronge les ongles. » Cette phrase n'est pas anodine. Elle est très puissante, car elle inscrit le comportement dans l'identité de la personne. La liberté réelle commence quand la phrase change, souvent sans même qu'on s'en rende compte : « Ça m'arrive parfois. » « Ça m'est arrivé. » « Ce n'est plus central. » À ce stade, l'onychophagie n'est plus une définition. Elle devient un épisode de l'histoire, pas son titre.

8. Ce qui reste… et pourquoi c'est normal

Vivre sans se surveiller ne signifie pas vivre sans aucune trace du passé. Il peut rester une vigilance légère dans certaines situations, un réflexe de protection temporaire ou un soin régulier des mains, non par peur, mais par respect. Ce qui disparaît, en revanche, c'est l'obsession, la honte permanente, la lutte intérieure et la peur de « recommencer ». Ce qui reste est vivable. Ce qui disparaît était épuisant.

9. La liberté comme processus vivant - Vivre les mains libres

La liberté n'est pas un état figé que l'on atteint une fois pour toutes. C'est un processus vivant, un équilibre qui se construit et s'ajuste au fil du temps. Il y aura des périodes où tout semblera facile, et d'autres où la fatigue, le stress ou les difficultés rendront le chemin plus exigeant. La différence, désormais, est essentielle : vous savez reconnaître ce qui se passe en vous, vous disposez d'outils pour traverser ces moments, et vous savez que vous n'êtes plus seul(e) face à ce comportement.

Ce livre ne promet ni miracle ni perfection. Il propose quelque chose de plus précieux : une transformation profonde, durable et humaine.

La liberté ne consiste pas à ne plus jamais ressentir l'envie de se ronger les ongles. La véritable liberté apparaît lorsque cette envie cesse de diriger votre vie. Elle se manifeste lorsque vos journées, vos pensées et votre estime de vous-même ne tournent plus autour de ce combat permanent.

Puis, un jour, presque sans vous en rendre compte, vous découvrez que vous vivez les mains libres.

Vos mains ne seront peut-être jamais parfaites selon les critères esthétiques que l'on nous impose. Mais elles pourront enfin être libres. Libres d'être montrées sans gêne ni honte. Libres de toucher, de créer, de travailler, de caresser, de saluer. Libres d'accompagner vos paroles et d'exprimer votre affection sans que vous pensiez constamment à leur apparence. Libres, surtout, de ne plus porter le poids d'une lutte qui a occupé tant de place dans votre vie.

La plus belle victoire n'est pas d'avoir des ongles longs et impeccables. Elle réside dans cette capacité retrouvée à vivre pleinement, sans que ce comportement ancien continue d'organiser votre relation à vous-même, aux autres et au monde.

Vous arrivez au terme de ce livre, mais non au terme de votre chemin. Celui-ci se poursuit désormais avec davantage de confiance, de sérénité et de douceur. Et surtout avec une bienveillance nouvelle envers la personne qui vous accompagne depuis toujours : vous-même.

Tests d'auto-évaluation

Ces tests n'ont aucune valeur diagnostique médicale. Ils ne servent ni à poser une étiquette, ni à se juger. Ils ont une seule fonction : vous aider à mieux comprendre votre fonctionnement, à repérer des schémas et à orienter vos choix (outils, stratégies, accompagnement). Répondez honnêtement, sans chercher la « bonne réponse ». Ici, il n'y en a pas.

Test 1 – Évaluer l'impact réel de l'onychophagie dans votre vie

Objectif : mesurer à quel point le geste influence votre quotidien.

Pour chaque affirmation, cochez la réponse qui vous correspond le mieux :

Score	Signification
0	Jamais
1	Rarement
2	Parfois
3	Souvent
4	Presque toujours

N°	Affirmation	0	1	2	3	4
1	Je me ronge les ongles sans m'en rendre compte.	☐	☐	☐	☐	☐
2	Je ressens une tension ou un malaise avant le geste.	☐	☐	☐	☐	☐
3	Je ressens un soulagement juste après.	☐	☐	☐	☐	☐
4	Je ressens de la honte, de la culpabilité ou de la colère après.	☐	☐	☐	☐	☐
5	J'évite de montrer mes mains.	☐	☐	☐	☐	☐

N°	Affirmation	0	1	2	3	4
6	J'ai déjà renoncé à une activité à cause de l'état de mes ongles.	☐	☐	☐	☐	☐
7	Je me promets souvent d'arrêter… sans y parvenir durablement.	☐	☐	☐	☐	☐
8	Le geste augmente en période de stress ou de fatigue.	☐	☐	☐	☐	☐
9	J'ai l'impression que ce geste me « calme ».	☐	☐	☐	☐	☐
10	J'ai déjà eu des blessures, douleurs ou infections liées à ce comportement.	☐	☐	☐	☐	☐

Total obtenu : ______ / 40

Interprétation des résultats

Score total	Niveau d'impact
0 à 10	Comportement ponctuel ou impact faible
11 à 20	Impact modéré, une vigilance peut être utile
21 à 30	Impact significatif, un travail structuré est recommandé
31 à 40	Impact élevé, un accompagnement extérieur peut être bénéfique

Votre score : ______ / 40

Ce que je retiens de ce test :

....
....
....
....
....
....
....
....

Test 2 – Identifier la fonction dominante du geste

Objectif : comprendre pourquoi vous vous rongez les ongles.

Cochez toutes les affirmations qui vous correspondent.

A. Apaisement émotionnel

Affirmation	✓
Je me ronge les ongles quand je suis stressé(e), anxieux(se) ou tendu(e).	☐
Le geste m'aide à « faire redescendre » la pression.	☐
J'ai du mal à me détendre sans ce geste.	☐

Total A : _____ / 3

B. Régulation de l'attention / agitation

Affirmation	✓
Je me ronge surtout les ongles devant les écrans ou pendant une activité qui demande de la concentration.	☐

Affirmation	✓
Mes mains ont toujours besoin de faire quelque chose.	☐
Le geste m'aide à rester focalisé(e).	☐

Total B : _____ / 3

C. Sensoriel / imperfection

Affirmation	✓
Une aspérité ou un ongle irrégulier déclenche immédiatement l'envie de le toucher ou de le ronger.	☐
Je supporte mal les irrégularités.	☐
J'ai besoin de « corriger » ce qui dépasse ou semble imparfait.	☐

Total C : _____ / 3

D. Oralité / apaisement par la bouche

Affirmation	✓
J'ai besoin de porter mes mains à la bouche.	☐
Le contact oral me rassure ou m'apaise.	☐
Je mâche, mordille ou serre souvent la mâchoire.	☐

Total D : _____ / 3

E. Décharge de tension

Affirmation	✓
Je ressens une agitation physique avant le geste.	☐
Le geste agit comme une décharge immédiate.	☐
J'ai du mal à rester immobile longtemps.	☐

Total E : _____ / 3

Résultats

Catégorie	Score
A. Apaisement émotionnel	_____ / 3
B. Régulation de l'attention / agitation	_____ / 3
C. Sensoriel / imperfection	_____ / 3
D. Oralité / apaisement par la bouche	_____ / 3
E. Décharge de tension	_____ / 3

Interprétation

La ou les catégories obtenant le plus grand nombre de cases cochées représentent probablement la fonction dominante de votre onychophagie.

Fonction dominante	Ce que cela suggère
A. Apaisement émotionnel	Le geste sert principalement à calmer le stress, l'anxiété ou les émotions difficiles.

Fonction dominante	Ce que cela suggère
B. Régulation de l'attention / agitation	Le geste aide à maintenir la concentration ou à occuper l'esprit et les mains.
C. Sensoriel / imperfection	L'envie est déclenchée par les sensations tactiles, les irrégularités ou le besoin de corriger.
D. Oralité / apaisement par la bouche	Le contact de la bouche joue un rôle important dans le sentiment de sécurité ou d'apaisement.
E. Décharge de tension	Le geste permet d'évacuer une tension physique ou une agitation interne.

Ce que je retiens de ce test

....
....
....
....
....
....

Test 3 – Votre profil de déclencheurs

Objectif : repérer les situations dans lesquelles le geste apparaît le plus souvent.

Pour chaque situation, attribuez une note :

Score	Signification
0	Jamais
1	Rarement

Score	Signification
2	Parfois
3	Souvent
4	Presque toujours

N°	Situation	Score (0 à 4)
1	Fatigue	_____
2	Stress émotionnel	_____
3	Ennui	_____
4	Concentration	_____
5	Attente (file d'attente, téléphone, transport…)	_____
6	Conflit ou tension relationnelle	_____
7	Solitude	_____
8	Soirée ou fin de journée	_____
9	Écrans passifs (films, séries, réseaux sociaux…)	_____
10	Pression de performance	_____

Vos principales zones rouges

Classez vos trois scores les plus élevés :

Rang	Déclencheur	Score
1	______________________________	_____
2	______________________________	_____
3	______________________________	_____

Lecture des résultats

Score obtenu	Signification
0 à 1	Déclencheur faible ou occasionnel
2	Déclencheur modéré
3	Déclencheur important
4	Déclencheur majeur

Interprétation

Les situations ayant obtenu les scores les plus élevés constituent vos **zones rouges personnelles**.

Ce sont les moments où le risque de vous ronger les ongles est le plus important.

Plus vous identifiez précisément ces situations, plus vous pouvez préparer à l'avance des stratégies adaptées : objet à manipuler, geste de remplacement, respiration, pause, activité des mains ou autre outil d'apaisement.

L'objectif n'est pas d'éviter ces situations, mais d'y entrer avec des ressources déjà prêtes.

Ce que j'ai découvert grâce à ce test

....
....
....
....
....
....
....

Test 4 – Votre relation à vos mains

Objectif : explorer le lien émotionnel que vous entretenez avec vos mains.

Répondez spontanément, sans chercher la « bonne » réponse.

1. Quand je pense à mes mains, je ressens surtout :

Émotion	✓
Indifférence	☐
Gêne	☐
Honte	☐
Colère	☐
Neutralité	☐
Fierté	☐
Tendresse	☐

2. Je cache mes mains :

Fréquence	✓
Jamais	☐
Parfois	☐
Souvent	☐
Presque toujours	☐

3. Mes mains sont pour moi :

Ressenti	✓
Un outil	☐
Un problème	☐
Un endroit fragile	☐
Un territoire hostile	☐
Une partie de moi à réconcilier	☐

4. Je prends soin de mes mains :

Fréquence	✓
Jamais	☐
Rarement	☐
Parfois	☐

Fréquence	✓
Souvent	☐

Lecture qualitative

Ce test ne cherche pas à mesurer une « gravité », mais à révéler la manière dont vous percevez vos mains au quotidien.

Chez beaucoup de personnes souffrant d'onychophagie, les mains deviennent progressivement :

- Une source de gêne,
- Un lieu de tension,
- Un objet de surveillance permanente,
- Voire une partie du corps rejetée ou évitée.

Plus la relation est chargée de honte, de colère, d'évitement ou de dévalorisation, plus le travail de réconciliation corporelle devient important.

La guérison durable ne consiste pas seulement à arrêter un geste. Elle implique aussi de transformer le regard porté sur soi-même.

Ce que ce test m'a fait ressentir

....
....
....
....
....
....

Une phrase pour définir ma relation actuelle à mes mains

....
....
....
....

Test 5 - Signaux indiquant qu'un accompagnement pourrait être utile

Objectif : repérer les situations dans lesquelles une aide extérieure pourrait faciliter le changement.

Cochez les affirmations qui vous concernent.

Affirmation	✓
Le geste est ancien (plus de 5 ans).	☐
Il est quotidien ou quasi quotidien.	☐
Il entraîne des blessures, douleurs ou infections.	☐
Il coexiste avec d'autres gestes auto-agressifs.	☐
J'ai une anxiété importante ou persistante.	☐
Je me reconnais dans certains traits liés au TOC, au TDAH ou à l'hypersensibilité.	☐
J'ai déjà essayé d'arrêter seul(e) plusieurs fois sans succès durable.	☐
La honte et l'auto-critique sont très présentes dans ma relation à ce comportement.	☐

Lecture du test

Si plusieurs cases sont cochées, cela peut indiquer qu'un accompagnement spécialisé pourrait considérablement faciliter votre progression.

Un soutien extérieur peut permettre :

- De mieux comprendre les mécanismes du geste,
- De réduire la culpabilité,
- D'apprendre des stratégies adaptées,
- Et surtout de ne plus porter ce combat seul(e).

Demander de l'aide ne signifie pas que vous avez échoué.

Cela signifie simplement que vous avez identifié le niveau de soutien dont vous avez besoin aujourd'hui.

Comment utiliser ces tests intelligemment

Ces tests ne sont pas des étiquettes. Ils ne définissent pas qui vous êtes. Leur rôle est de vous aider à observer votre fonctionnement avec plus de clarté et moins de jugement.

Quelques repères importants

- Ne les utilisez pas pour vous critiquer.
- Reprenez-les après quelques mois (3 à 6 mois) afin d'observer votre évolution.
- Servez-vous-en pour choisir vos outils et vos stratégies.
- Évitez de vous enfermer dans un « profil fixe ».

À retenir

Ces tests sont conçus pour ouvrir une compréhension plus profonde de votre comportement. Pas pour vous enfermer dans une case. L'objectif n'est pas de devenir « parfait(e) ».

L'objectif est de retrouver progressivement plus de liberté, de conscience et d'apaisement dans votre relation à vous-même.

Se comprendre n'est pas se réduire à un score. C'est se donner les moyens de choisir enfin des chemins plus justes pour soi.

Conclusion

Si vous êtes arrivé jusqu'ici, c'est que vous avez déjà accompli quelque chose d'important. Vous avez accepté de regarder ce geste en face. Vous avez accepté d'en parler, de vous informer à son sujet, de le questionner et de remettre en cause certaines idées que vous aviez peut-être sur lui et sur vous-même.

Peut-être avez-vous découvert que vous n'étiez pas faible. Peut-être avez-vous compris que ce comportement n'était pas un défaut de caractère, mais une tentative d'adaptation. Une façon, parfois maladroite mais profondément humaine, de faire face au stress, à l'anxiété, à l'ennui, à la fatigue ou aux émotions difficiles.

Au fond, nous passons tous notre vie à nous adapter. Nous nous adaptons à notre histoire, à nos peurs, à nos blessures, à nos limites et à notre personnalité. Nous nous adaptons aux changements, aux épreuves, aux imprévus et aux défis que la vie place sur notre route. Personne n'avance sans difficulté.

Nous avons souvent tendance à regarder les autres en imaginant qu'ils possèdent quelque chose qui nous manque. Nous admirons les grands sportifs, les artistes, les entrepreneurs, les scientifiques ou les personnalités qui semblent avoir réussi leur vie. Nous les imaginons parfois plus forts, plus courageux et plus solides que nous.

Pourtant, derrière les réussites que nous voyons, il y a souvent des êtres humains ordinaires. Des femmes et des hommes qui connaissent eux aussi le doute, la peur, l'angoisse, les échecs, les moments de découragement et les imperfections. Ils n'ont pas avancé parce qu'ils étaient parfaits. Ils ont avancé malgré leurs imperfections.

C'est peut-être là l'une des leçons les plus importantes de ce livre. Vous n'avez pas besoin d'être parfait pour aller mieux. Vous n'avez pas besoin de devenir une autre personne. Vous n'avez pas besoin de gagner une guerre contre vous-même.

Vous pouvez simplement avancer pas à pas. Comprendre un peu mieux aujourd'hui qu'hier. Vous pardonner un peu plus facilement aujourd'hui qu'hier. Prendre soin de vous un peu mieux aujourd'hui qu'hier. Et surtout, apprendre à regarder avec bienveillance cette personne qui vous accompagne depuis votre naissance et qui sera encore là demain : vous-même.

Parce que chacun trouvera son propre chemin de guérison. Certains avanceront rapidement. D'autres auront besoin de davantage de temps. Certains seront aidés par des professionnels, des thérapeutes, des proches ou des groupes de soutien. D'autres progresseront à leur rythme, par petites étapes discrètes.

Mais sur ce chemin, il existe un allié qui sera toujours présent : vous. Vous êtes la seule personne qui sera à vos côtés chaque jour de votre vie.

Alors apprenez à vous connaître. Apprenez à vous respecter. Apprenez à vous encourager. Apprenez à vous traiter avec la même douceur que celle que vous offririez à quelqu'un que vous aimez profondément.

Car la véritable transformation commence souvent là : le jour où l'on cesse de se juger, le jour où l'on cesse de se considérer comme un problème à réparer, le jour où l'on comprend que l'on mérite déjà d'être aimé, même imparfait.

Peut-être que vos ongles repousseront complètement. Peut-être que le geste reviendra parfois. Votre chemin sera sûrement différent de celui des autres. Et ce n'est pas grave.

L'essentiel n'est pas rechercher la perfection. L'essentiel est d'avancer et de continuer à remplir votre vie de projets, de rencontres, d'émotions, et de moments précieux.

Car lorsque nous cessons de concentrer toute notre énergie sur nos défauts, nous retrouvons enfin la place nécessaire pour accueillir tout le reste.

Et vous découvrirez peut-être que les choses dont vous rêvez aujourd'hui étaient déjà en train d'entrer dans votre vie. Il suffisait simplement de relever les yeux pour les voir.

Prenez soin de vous. Et sachez que vous êtes déjà bien plus fort que vous ne le pensez.

ANNEXE A : BILAN PERSONNEL ET PARCOURS D'ACCOMPAGNEMENT

Cette annexe rassemble les principaux outils d'observation et de réflexion proposés dans le livre.

Elle peut être utilisée :
• au début du parcours
• pendant les périodes difficiles
• lors d'une rechute
• comme outil de suivi à long terme

PARTIE 1 : COMPRENDRE

Quelle fonction remplit mon onychophagie ?

Objectif : Identifier ce que le geste apporte réellement.

Interprétation :
• Fonction principalement émotionnelle
• Fonction principalement sensorielle
• Fonction principalement attentionnelle
• Fonction mixte

PARTIE 2 : PRENDRE CONSCIENCE

Mes déclencheurs principaux

Objectif : repérer les situations où le geste apparaît le plus souvent.

Mes principaux déclencheurs :

□ Stress □ Fatigue □ Écrans □ Attente □ Surcharge émotionnelle

□ Imperfection sensorielle □ Déclencheurs multiples □ Ennui

Mes signaux d'alerte

Objectif : Identifier les premiers signes qui précèdent le geste.

Interprétation :
• Signaux corporels
• Signaux émotionnels
• Signaux cognitifs

PARTIE 3 : AGIR

Mes stratégies de remplacement

Objectif : déterminer les outils les plus efficaces pour interrompre le geste.

Interprétation :
• Besoin de mouvement
• Besoin tactile
• Besoin sensoriel
• Besoin de décharge émotionnelle

PARTIE 4 : APAISER LA CAUSE

Mon niveau de surcharge émotionnelle

Objectif : évaluer la place du stress, de la fatigue et de la pression dans le maintien du comportement.

Interprétation :
• Faible surcharge
• Surcharge modérée
• Surcharge importante

PARTIE 5 : GÉRER LES RECHUTES

QUESTIONNAIRE DE RECHUTE

Lorsqu'une rechute survient :

• Qu'est-ce qui s'est passé ?
• Quel était mon niveau de fatigue ?
• Quel était mon niveau de stress ?
• Quels outils ai-je cessé d'utiliser ?
• Que puis-je remettre en place dès aujourd'hui ?

PARTIE 6 : MAINTIEN

FICHE RÉCAPITULATIVE PERSONNELLE : COMPRENDRE (SANS SE JUGER)

L'onychophagie est un comportement de régulation, pas un défaut.

Le geste remplit une fonction :

□ Apaiser
□ Canaliser
□ Contrôler
□ Décharger

Ce qui a été appris peut être désappris.

REPÉRER (AVANT LE GESTE)

Mes principaux déclencheurs :

□ Stress
□ Fatigue
□ Écrans
□ Attente
□ Surcharge émotionnelle
□ Imperfection sensorielle

Autres déclencheurs :

Les premiers signaux corporels chez moi :

□ Tension dans la mâchoire
□ Agitation des mains
□ Regard attiré par les ongles
□ Sensation d'urgence

Autre :

INTERVENIR (SANS VIOLENCE)

Ma réponse concurrente principale :

Ma solution d'apaisement rapide :

□ Respiration lente
□ Mouvement
□ Objet à manipuler
□ Contact doux

Autre :

Mon plan pour les zones rouges :

APAISER MON QUOTIDIEN

□ Je dors suffisamment (ou j'y travaille)
□ Je m'accorde des temps de récupération
□ Je reconnais mes limites
□ Je réduis la surcharge lorsque cela est possible
□ Je prends soin de mon équilibre

EN CAS DE RECHUTE

□ Je ne me juge pas
□ Je considère la rechute comme un signal
□ Je réactive mes outils dans les 24 heures
□ Je prends soin de mes mains
□ Je me rappelle que le changement est un processus

MA RELATION À MES MAINS

□ Mes mains ne sont pas mes ennemies
□ Elles ont été un lieu de survie
□ Elles ont fait de leur mieux avec les ressources disponibles
□ Je peux leur offrir du soin
□ Je peux leur offrir de la douceur
□ Je peux apprendre à les regarder autrement

MA PHRASE RESSOURCE

Je n'ai pas besoin d'être parfait(e).
J'ai besoin d'être attentif(ve), bienveillant(e) et outillé(e).

NOTES PERSONNELLES

ANNEXE B: ACCOMPAGNER UN ENFANT OU UN ADOLESCENT QUI SE RONGE LES ONGLES

Prévenir sans pathologiser

Cette annexe s'adresse :

• aux parents
• aux grands-parents
• aux éducateurs
• aux enseignants
• à tout adulte attentif à un enfant ou un adolescent qui se ronge les ongles

Son objectif n'est pas de faire disparaître un comportement à tout prix, mais de mieux comprendre ce que l'enfant essaie de gérer à travers ce geste afin de l'accompagner avec bienveillance.

Dans la majorité des situations, l'onychophagie n'est ni un caprice, ni une provocation, ni un signe que l'enfant va mal. C'est souvent une façon de réguler une émotion, une tension, un inconfort ou parfois un simple besoin sensoriel.

L'enfant n'a pas besoin d'être surveillé en permanence. Il a besoin d'être compris.

TEST 1 : OBSERVER LE CONTEXTE

Répondez par OUI ou NON.

□ L'enfant se ronge surtout les ongles en situation de stress.
□ Le geste augmente pendant les devoirs ou les périodes de concentration.
□ Il apparaît surtout le soir ou en fin de journée.
□ L'enfant semble tendu(e), agité(e) ou fatigué(e).
□ Le geste diminue lorsque ses mains sont occupées.
□ L'enfant présente d'autres comportements répétitifs (mordillements, peau, cheveux, vêtements, objets…).

INTERPRÉTATION

Plus vous avez coché de réponses « oui », plus le comportement semble jouer un rôle de régulation émotionnelle, sensorielle ou attentionnelle.

Dans ce cas, il est généralement plus utile de comprendre la fonction du geste que d'essayer de le supprimer directement.

TEST 2 : LA RELATION DE L'ENFANT À SES MAINS

Cochez ce qui correspond à votre enfant.

□ Il aime manipuler des objets.
□ Il se calme en touchant, frottant ou triturant quelque chose.
□ Il utilise ou a utilisé un doudou ou un objet transitionnel pour se rassurer.
□ Il recherche certaines textures ou sensations tactiles.
□ Il aime serrer, presser ou malaxer des objets.
□ Il occupe spontanément ses mains lorsqu'il réfléchit ou attend.

INTERPRÉTATION

Ces enfants répondent souvent très bien aux stratégies de remplacement. Les mains ont besoin d'une activité.

Quelques exemples :

□ Balle antistress
□ Pâte à modeler
□ Galet lisse
□ Anneau sensoriel
□ Objet à manipuler discrètement

L'objectif n'est pas d'interdire le geste, mais d'offrir aux mains une autre mission.

NOTES ET OBSERVATIONS

Ce que j'ai remarqué chez mon enfant :

Ce qui semble l'aider :

TEST 3 : FAUT-IL DEMANDER UNE AIDE PROFESSIONNELLE ?

Cochez les situations qui correspondent à votre enfant.

□ Les doigts saignent régulièrement.
□ L'enfant souffre de douleurs importantes.
□ Les infections sont fréquentes.
□ Le comportement provoque une forte souffrance ou une grande honte.
□ L'enfant souhaite arrêter mais n'y parvient jamais malgré ses efforts.
□ D'autres comportements répétitifs sont également présents.
□ L'anxiété semble importante au quotidien.
□ Le comportement s'aggrave avec le temps.

INTERPRÉTATION

Une ou plusieurs réponses positives ne signifient pas qu'il existe un trouble grave. Elles indiquent simplement qu'un accompagnement complémentaire pourrait être utile.

Un médecin, un psychologue, un pédopsychiatre ou un professionnel formé aux comportements répétitifs pourra vous aider à mieux comprendre la situation.

CE QU'IL FAUT ÉVITER

Même avec les meilleures intentions du monde :

Faire des remarques humiliantes, se moquer, menacer, punir, comparer à d'autres enfants, répéter sans cesse : « *Arrête* ! », montrer ses mains devant les autres, exprimer sa colère ou son agacement.

À RETENIR

Ces réactions partent souvent d'une inquiétude sincère. Mais elles augmentent généralement la honte, la tension ou le stress. Or, plus la tension augmente, plus le besoin de se ronger les ongles risque lui aussi d'augmenter.

CE QUI AIDE VRAIMENT

□ Donner une fonction positive aux mains.
□ Proposer des objets adaptés à l'âge de l'enfant.
□ Prévoir des temps de récupération.
□ Favoriser le sommeil et le repos.
□ Aider l'enfant à reconnaître ses émotions.
□ Encourager sans surveiller.
□ Valoriser les efforts plutôt que les résultats.
□ Normaliser sans banaliser.

PHRASES QUE VOUS POUVEZ UTILISER

« J'ai remarqué que cela arrive surtout quand tu es fatigué(e) ou contrarié(e). »

« Tes mains essaient peut-être de t'aider à gérer quelque chose. »

« On va chercher ensemble une autre façon de t'aider à te calmer. »

« Tu n'es pas obligé(e) d'y arriver du premier coup. »

« Je suis là pour t'aider, pas pour te gronder. Je suis de ton côté. »

FICHE D'OBSERVATION

Ce que j'ai remarqué chez mon enfant :

Ce qui semble l'aider :

Mes idées pour l'accompagner :

À RETENIR

Un enfant qui se ronge les ongles n'a pas besoin d'un juge. Il a besoin d'un adulte calme, attentif et rassurant. Vous n'avez pas besoin d'être un parent parfait. Vous avez simplement besoin d'être présent, à l'écoute, et prêt à avancer avec lui pas à pas.

ANNEXE C : REPÈRES POUR LES PROFESSIONNELS

Comprendre l'onychophagie pour mieux accompagner

Cette annexe peut être utile aux :

• thérapeutes

• psychologues

• éducateurs

• soignants

• prothésistes ongulaires

• enseignants

• professionnels de l'accompagnement

Objectif : disposer de repères simples pour comprendre la fonction de l'onychophagie et accompagner la personne sans jugement ni simplification excessive.

CE QU'IL FAUT SAVOIR

L'onychophagie appartient à la famille des BFRB (comportements répétitifs centrés sur le corps). Elle n'est pas un trouble en soi.

Elle peut être associée à :

□ anxiété

□ TOC

□ TDAH

□ hypersensibilité

□ difficultés de régulation émotionnelle

Elle possède presque toujours une fonction régulatrice. Le geste procure généralement un soulagement immédiat, même lorsqu'il entraîne des conséquences négatives à long terme. La honte entretient souvent le maintien du comportement. La volonté seule est rarement suffisante pour produire un changement durable.

POSTURE RECOMMANDÉE

- Accueillir sans minimiser

- Écouter sans juger

- Éviter toute moralisation

- Observer la fonction du geste avant de chercher à le supprimer

- Rechercher les déclencheurs principaux

- Proposer des alternatives concrètes

- Valoriser les micro-progrès

- Encourager la curiosité plutôt que l'autocritique

- Respecter le rythme de changement de la personne

APPROCHES RECONNUES COMME UTILES

TCC / HRT - Reprogrammation progressive du comportement.

ACT - Réduction de la lutte intérieure et développement de la flexibilité psychologique.

EMDR - Lorsque des événements traumatiques ou des souvenirs douloureux participent au maintien du symptôme.

Approche sensorielle - Manipulation, stimulation tactile, objets de substitution, régulation corporelle.

Travail sur la honte - Développement de l'auto-compassion et de l'estime corporelle.

Psychoéducation - Compréhension des mécanismes du comportement et des facteurs de maintien.

PROTHÉSISTES ONGULAIRES, VOTRE RÔLE SPÉCIFIQUE

Vous êtes souvent :

- les premières témoins du problème

- les premières confidentes

- parfois le premier lieu de prise de conscience

- un espace d'écoute important

Votre rôle n'est pas thérapeutique. Il est relationnel, bienveillant et orientant. Vous pouvez contribuer à réduire la honte et encourager une démarche de compréhension.

Phrases à partager avec vos clients :

« Ce que vous vivez est fréquent et compréhensible. Vous n'êtes pas seul(e). Il existe des approches qui peuvent réellement aider. »

CE QU'IL FAUT ÉVITER

- Réduire le problème à une question esthétique

- Faire culpabiliser la personne

- Promettre une solution définitive

- Minimiser sa souffrance

- Interpréter sans écouter

- Renforcer la honte

- Présenter les rechutes comme des échecs

- Se substituer à un accompagnement thérapeutique lorsqu'il est nécessaire

À RETENIR

- Derrière le geste se trouve souvent une tentative d'adaptation à une situation impossible à supporter.

- Le but du comportement est plus important que son apparence.

- Le changement durable passe généralement par la compréhension, la régulation et l'entraînement.

- La bienveillance n'empêche pas l'efficacité.

- Les progrès se construisent souvent par petites étapes.

Comprendre, ce n'est pas chercher des coupables ni les accuser. Accompagner, ce n'est pas contrôler chaque pas. Guérir, ce n'est pas lutter contre soi-même.

C'est juste apprendre à vivre autrement.

ANNEXE — Protocoles simples

Des gestes concrets, applicables immédiatement

Ces protocoles ne sont pas des traitements médicaux. Ils sont conçus pour être simples, accessibles, non violents et compatibles avec la vie réelle. Ils peuvent être utilisés seuls, en complément d'une thérapie ou comme premiers appuis lorsqu'on ne sait pas par où commencer. Leur efficacité repose sur la répétition, pas sur la perfection.

Protocole 1 — Interrompre le geste sans lutter

(Protocole de base – à connaître absolument)

Objectif : empêcher le passage à la bouche sans créer de tension supplémentaire.

Dès que vous remarquez que la main monte, posez-la contre une surface stable (table, cuisse ou accoudoir). Appliquez une pression douce mais ferme pendant dix secondes, puis respirez lentement en allongeant davantage l'expiration que l'inspiration.

Pourquoi ça marche : la pression active des récepteurs sensoriels profonds qui contribuent à calmer le système nerveux et à interrompre l'automatisme moteur.

Protocole 2 — Apaisement express (90 secondes)

Quand l'envie est intense

Objectif : laisser passer le pic sans agir.

Dites intérieurement : « c'est une vague ». Respirez lentement pendant quatre-vingt-dix secondes et laissez l'envie monter puis redescendre sans agir.

Pourquoi ça marche : une impulsion émotionnelle ne dure pas indéfiniment. Le cerveau apprend progressivement que l'envie peut exister sans être suivie d'une action.

Protocole 3 — Substitution par manipulation

Pour les mains qui ont besoin d'agir

Objectif : donner une fonction aux mains.

Choisissez un seul objet : une balle à malaxer, une pâte résistante, un objet texturé ou un anneau à tourner. Utilisez-le dès que la main cherche l'ongle, sans attendre que l'envie devienne forte.

Pourquoi ça marche : le cerveau ne recherche pas forcément l'ongle lui-même, mais une stimulation. La substitution respecte cette fonction sans provoquer de dommages.

Protocole 4 — Oralité sécurisée

Si la bouche est centrale

Objectif : répondre au besoin oral sans auto-agression.

Vous pouvez utiliser un chewing-gum sans sucre, un bâtonnet de réglisse, une paille rigide ou pratiquer une respiration avec les lèvres légèrement serrées.

Pourquoi ça marche : chez certaines personnes, l'apaisement passe principalement par la bouche. Ignorer ce besoin tend à entretenir le geste problématique.

Protocole 5 — Rituel de soin du soir

Reprogrammer la relation aux mains

Objectif : remplacer la violence par le soin.

Chaque soir, lavez vos mains lentement, appliquez une crème, massez chaque doigt quelques instants puis observez vos mains sans jugement.

Pourquoi ça marche : le cerveau apprend progressivement une nouvelle association. Les mains deviennent un objet d'attention et de soin plutôt qu'une cible d'attaque.

Protocole 6 - Prévention des « zones rouges »

Agir avant l'envie

Objectif : ne pas attendre la montée de tension.

Identifiez les moments où le risque est le plus élevé : devant les écrans, en période de fatigue, dans les temps d'attente ou lors de situations stressantes. Avant ces moments, préparez un objet de substitution, modifiez votre position ou prenez deux minutes pour bouger.

Pourquoi ça marche : le cerveau privilégie naturellement les solutions déjà disponibles.

Protocole 7 — Après-rechute (clé de la durée)

Objectif : éviter l'effet « boule de neige ».

Lorsqu'une rechute survient, interrompez immédiatement l'auto-critique. Prenez soin de vos mains, remettez en place un protocole simple et reprenez ensuite le cours normal de votre journée.

Pourquoi ça marche : la honte entretient le cycle. La neutralité contribue à le rompre.

Protocole 8 - Reconnexion corporelle

Pour les profils anxieux ou dissociés

Objectif : revenir au corps sans douleur.

Posez une main sur l'autre, ressentez la chaleur et la pression, puis respirez calmement pendant une minute.

Pourquoi ça marche : le corps reçoit un signal de sécurité sans passer par l'analyse mentale.

Protocole 9 - Réduction de la vigilance

Sortir de la surveillance permanente

Objectif : éviter l'hyper-contrôle.

Choisissez deux moments dans la journée pendant lesquels vous décidez de ne pas surveiller vos mains. Laissez-les tranquilles et observez simplement ce qui se passe.

Pourquoi ça marche : la liberté s'installe lorsque le geste cesse d'occuper le centre de l'attention.

Protocole 10 - Quand demander de l'aide

Objectif : ne pas rester seul(e).

Envisagez un accompagnement si le geste est ancien et quotidien, s'il coexiste avec d'autres comportements auto-agressifs, si la souffrance psychique est importante ou si la honte est omniprésente.

Pourquoi ça marche : certaines charges sont trop lourdes pour être portées seules.

Phrase de clôture des protocoles

Il n'y a pas de petit geste lorsqu'il s'agit de se respecter. Chaque protocole est une porte. Vous n'avez pas besoin de les ouvrir toutes. Une seule suffit pour commencer.

ANNEXE - Ressources professionnelles

S'orienter vers les bons interlocuteurs, au bon moment

Cette annexe a un objectif clair : vous éviter de perdre du temps, de l'énergie et de l'argent en vous orientant vers des professionnels réellement pertinents selon votre situation. Il n'existe pas un bon professionnel universel. Il existe des compétences adaptées à des profils précis.

1. Psychologues formés aux TCC / HRT - Le socle le plus solide pour l'onychophagie.

   Quand consulter : en cas d'onychophagie ancienne, automatique et quotidienne, de comportements répétitifs centrés sur le corps (BFRB) ou de difficulté à interrompre le geste malgré la motivation.

   Ce qu'il faut chercher : une formation en thérapies cognitivo-comportementales (TCC), une expérience des comportements répétitifs et une connaissance de la HRT (Habit Reversal Training).

   Questions utiles à poser : « Travaillez-vous avec les comportements répétitifs centrés sur le corps ? », « Utilisez-vous la HRT ou des protocoles similaires ? », « Travaillez-vous aussi sur la honte et la rechute ? »

   Où chercher : dans les annuaires de psychologues TCC, les réseaux professionnels spécialisés ou sur recommandation d'un médecin ou d'un psychiatre.

   À noter : un bon psychologue TCC ne vous dira pas simplement d'arrêter. Il vous proposera une méthode structurée.

2. Thérapeutes ACT - Pour sortir de la lutte intérieure.

   Quand consulter : en cas de forte auto-critique, de perfectionnisme, d'épuisement psychique ou de sentiment permanent de se battre contre soi-même.

Ce qu'ils apportent : une diminution de la honte, une meilleure tolérance à l'envie et un désengagement progressif du geste.

À vérifier : une formation spécifique en ACT (Acceptance and Commitment Therapy) ainsi qu'une posture non jugeante et orientée vers les valeurs.

Particulièrement indiqué si vous avez déjà tout essayé sans parvenir à relâcher la pression.

3. Psychiatres (si nécessaire) - Quand le terrain neurobiologique est très chargé.

   Quand consulter : en présence d'une anxiété sévère, d'un TOC avéré ou suspecté, de comorbidités importantes ou d'une souffrance psychique envahissante.

   Un psychiatre peut poser un diagnostic différentiel et proposer un traitement médicamenteux en soutien, jamais comme unique réponse.

   Les médicaments ne soignent pas l'onychophagie, mais ils peuvent réduire la pression interne et rendre le travail thérapeutique plus accessible.

4. Thérapeutes EMDR - Si un trauma est impliqué.

   Quand consulter : en cas d'histoire traumatique, d'insécurité chronique, d'hypervigilance permanente ou de réactions disproportionnées au stress.

   Ce que l'EMDR peut faire : diminuer l'hyperactivation du système nerveux, réduire les déclencheurs émotionnels et favoriser un apaisement plus profond.

   L'EMDR est un complément, pas une alternative au travail comportemental.

5. Hypnothérapeutes (avec prudence)

Quand cela peut aider : lorsque les gestes sont très dissociés, en cas d'impulsivité importante ou lorsqu'il est difficile d'accéder au corps par la parole.

Points de vigilance : vérifiez la qualité de la formation, méfiez-vous des discours magiques et privilégiez les professionnels qui intègrent l'hypnose à d'autres approches.

Méfiez-vous des promesses de solution définitive.

6. Médecins généralistes - Un rôle souvent sous-estimé.

   Un bon médecin généraliste peut orienter vers les bons spécialistes, éliminer certaines causes médicales et coordonner les soins.

   N'hésitez pas à nommer clairement le problème et à parler de la souffrance associée, pas seulement du geste.

7. Prothésistes ongulaires formées et conscientes - Un rôle relationnel clé (mais non thérapeutique).

   Beaucoup de personnes commencent à parler de leur onychophagie chez une prothésiste ongulaire. Leur rôle n'est pas de soigner, mais elles peuvent accueillir sans juger, normaliser sans banaliser et orienter vers des ressources adaptées.

   Une prothésiste respectueuse ne promet pas la guérison. Elle soutient simplement le parcours.

8. Associations et ressources fiables

   Selon les pays, il existe des ressources spécialisées consacrées aux BFRB.

   Exemples de références internationales : Association for Behavioral and Cognitive Therapies (ABCT) et International OCD Foundation (IOCDF).

   Ces organismes proposent des articles validés, des annuaires de praticiens et des ressources pédagogiques.

Privilégiez toujours les sources cliniques et professionnelles plutôt que les forums alarmistes.

9. Signaux d'alerte : quand changer de professionnel

   Changez d'interlocuteur si vous vous sentez jugé(e) ou infantilisé(e), si votre souffrance est minimisée, si l'on vous promet une solution miracle ou si l'on refuse de répondre à vos questions.

   Un bon professionnel respecte votre rythme, explique ce qu'il fait, ajuste son approche et travaille avec vous plutôt que contre vous.

10. Rappel fondamental

    Chercher de l'aide n'est pas un aveu d'échec. C'est un choix stratégique.

    Certaines choses peuvent se travailler seul(e). D'autres nécessitent un regard extérieur compétent et humain.

    Se faire accompagner ne signifie pas abandonner sa responsabilité. C'est choisir de ne plus porter seul(e) ce qui pèse trop lourd.

ANNEXE - Check-list Premier rendez-vous

Éviter les mauvaises expériences et gagner du temps

Cette check-list est conçue pour vous aider à évaluer rapidement si le professionnel que vous consultez est adapté à votre problématique, sans vous fier uniquement au ressenti ou au discours rassurant.

Vous pouvez l'imprimer, la conserver sur votre téléphone ou la relire avant chaque premier rendez-vous.

AVANT LE RENDEZ-VOUS

Se préparer (5 minutes suffisent)

☐ Je sais pourquoi je consulte (onychophagie, comportements répétitifs, anxiété, etc.).

☐ Je sais depuis quand le comportement existe.

☐ Je sais dans quelles situations il apparaît le plus.

☐ J'ai conscience que je ne viens pas "arrêter un geste", mais comprendre et transformer un mécanisme.

Vous n'avez pas besoin d'un discours parfait. Vous avez besoin d'un cadre clair.

PENDANT LE PREMIER RENDEZ-VOUS

Les signaux positifs à repérer

☐ Le professionnel écoute sans interrompre ni minimiser.

☐ Il/elle ne se moque pas, ne banalise pas ("tout le monde fait ça").

☐ Il/elle reconnaît que l'onychophagie peut être une vraie souffrance.

☐ Il/elle pose des questions sur le contexte, pas seulement sur le geste.

☐ Il/elle s'intéresse à la fonction du comportement.

☐ Il/elle explique clairement son approche.

☐ Il/elle ne promet pas de solution miracle.

☐ Il/elle parle de processus, pas de performance.

Un bon professionnel cherche à comprendre, pas à corriger immédiatement.

QUESTIONS LÉGITIMES À OSER POSER :

☐ « Avez-vous déjà accompagné des personnes avec des comportements répétitifs comme l'onychophagie ? »

☐ « Quelle est votre approche pour ce type de problématique ? »

☐ « Travaillez-vous sur les déclencheurs et la régulation émotionnelle ? »

☐ « Comment abordez-vous les rechutes ? »

☐ « Est-ce un travail plutôt comportemental, émotionnel, ou les deux ? »

Un professionnel compétent n'est pas déstabilisé par ces questions.

Signaux d'alerte, quand il vaut mieux ne pas continuer

☐ Il/elle dit : « Il suffit de vouloir arrêter. »

☐ Il/elle minimise : « Ce n'est pas grave. »

☐ Il/elle moralise ou culpabilise.

☐ Il/elle impose une méthode sans explication.

☐ Il/elle ne connaît pas les comportements répétitifs centrés sur le corps.

☐ Il/elle promet une disparition rapide et définitive.

☐ Vous ressortez avec plus de honte que d'apaisement.

Vous avez le droit de ne pas donner suite, sans justification.

APRÈS LE RENDEZ-VOUS, LA QUESTION CLÉ A SE POSER

Répondez honnêtement :

☐ Est-ce que je me suis senti(e) respecté(e) ?

☐ Est-ce que je me suis senti(e) compris(e) ?

☐ Est-ce que je repars avec un peu plus de clarté ?

☐ Est-ce que je me sens en sécurité pour continuer à parler de ça ?

La compétence technique est essentielle, mais la sécurité relationnelle l'est tout autant.

RAPPEL IMPORTANT

Vous ne choisissez pas un professionnel pour qu'il soit impressionnant.

Vous le choisissez pour qu'il soit utile, juste, et adapté à votre réalité.

Changer de professionnel n'est pas un échec. C'est un ajustement.

Un bon accompagnement ne vous fait pas sentir "défaillant(e)". Il vous aide à comprendre, à vous apaiser, et à avancer sans vous abîmer.

ANNEXE - Check-list « premier rendez-vous » Version adaptée enfants / adolescents / adultes

Ces trois versions ont le même objectif : protéger la personne concernée, éviter les expériences culpabilisantes, et orienter vers un accompagnement réellement aidant.

1) ENFANTS

AVANT LE RENDEZ-VOUS

☐ J'explique à l'enfant pourquoi on consulte, sans dramatiser.

☐ Je précise que le rendez-vous n'est pas une punition.

☐ Je ne promets pas que "ça va s'arrêter tout de suite".

☐ J'observe quand l'enfant se ronge les ongles (stress, fatigue, école, séparation).

PENDANT LE RENDEZ-VOUS

Signaux positifs

☐ Le professionnel s'adresse directement à l'enfant, avec des mots adaptés.

☐ Il/elle ne gronde pas, ne moralise pas.

☐ Il/elle cherche à comprendre ce que le geste apaise.

☐ Il/elle observe les mains, le corps, l'agitation.

☐ Il/elle parle de solutions concrètes et ludiques (objets, gestes, rituels).

Signaux d'alerte

☐ « Il faut arrêter ça tout de suite. »

☐ « C'est une mauvaise habitude. »

☐ « Il/elle fait ça pour attirer l'attention. »

☐ Mise sous pression de l'enfant.

APRÈS LE RENDEZ-VOUS

☐ L'enfant est ressorti apaisé, pas honteux.

☐ Il/elle a compris qu'il/elle n'est pas "fautif(ve)".

☐ On nous a proposé des outils simples, pas des interdictions.

Un bon professionnel aide l'enfant à se calmer, pas à se contrôler.

2) ADOLESCENTS

AVANT LE RENDEZ-VOUS

☐ Je sais que j'ai le droit de parler ou de me taire.

☐ Je sais que le geste ne définit pas qui je suis.

☐ Je sais que ce rendez-vous est pour m'aider, pas pour me corriger.

PENDANT LE RENDEZ-VOUS

Signaux positifs

☐ Le professionnel me parle comme à une personne compétente, pas comme à un enfant.

☐ Il/elle reconnaît que l'onychophagie peut être liée au stress, à la pression, aux émotions.

☐ Il/elle ne me ridiculise pas.

☐ Il/elle propose des stratégies discrètes, compatibles avec la vie sociale.

☐ Il/elle respecte mon rythme et ma pudeur.

Signaux d'alerte

☐ Discours infantilisant ou moralisateur.

☐ Minimisation : « ce n'est rien ».

☐ Comparaisons avec d'autres adolescents.

☐ Pression à "faire des efforts".

APRÈS LE RENDEZ-VOUS

☐ Je me suis senti(e) écouté(e).

☐ Je repars avec des outils concrets.

☐ J'ai envie (ou au moins je peux envisager) de revenir.

À l'adolescence, la honte est un frein majeur : elle doit être neutralisée, jamais renforcée.

3) ADULTES

AVANT LE RENDEZ-VOUS

☐ Je sais depuis combien de temps le geste existe.

☐ Je sais dans quelles situations il apparaît.

☐ J'accepte que ce soit un processus, pas une solution rapide.

☐ Je viens chercher de l'aide, pas une injonction.

PENDANT LE RENDEZ-VOUS

Signaux positifs

☐ Le professionnel connaît ou reconnaît les comportements répétitifs.

☐ Il/elle s'intéresse au contexte émotionnel et corporel.

☐ Il/elle parle de stratégies adaptées à mon profil.

☐ Il/elle aborde la question des rechutes sans jugement.

☐ Il/elle m'explique clairement son approche.

Signaux d'alerte

☐ « Il suffit de vouloir. »

☐ Promesse de guérison rapide.

☐ Méconnaissance totale du sujet.

☐ Sentiment de honte accru en sortant.

APRÈS LE RENDEZ-VOUS

☐ Je me sens respecté(e).

☐ Je comprends mieux mon fonctionnement.

☐ Je sais comment le travail va se dérouler.

☐ Je me sens en sécurité pour continuer.

Un bon professionnel travaille avec vous, pas contre vos mécanismes.

RAPPEL COMMUN AUX TROIS ÂGES

Changer de professionnel est un droit.

Refuser un accompagnement inadéquat est une forme de protection.

À tout âge, un bon accompagnement ne cherche pas à supprimer un geste.
Il cherche à comprendre ce qui a besoin d'être apaisé.

ANNEXE - Témoignages croisés

Quand des voix différentes racontent la même réalité. Ces témoignages ne sont pas là pour choquer. Ils ne sont pas là non plus pour rassurer à tout prix.

Ils sont là pour rompre l'isolement, montrer la diversité des parcours, et rappeler une chose essentielle : derrière un même geste, il y a des histoires très différentes, mais une souffrance étonnamment commune.

Les prénoms ont été modifiés. Les situations sont inspirées de récits réels, recueillis auprès de personnes concernées et de professionnels.

Témoignage 1 - Camille, 42 ans

« J'ai cru toute ma vie que ce n'était pas grave. »

Je me ronge les ongles depuis l'âge de six ans. Toute mon enfance, puis toute mon adolescence, j'ai entendu la même chose : « Ça passera », « C'est juste une mauvaise habitude », « Ce n'est rien ». Alors j'ai continué à vivre avec ce geste. J'ai fait mes études avec lui, j'ai commencé à travailler avec lui, et peu à peu j'ai appris à cacher mes mains. Je trouvais des excuses, je plaisantais avant que les autres ne le fassent, j'anticipais les remarques. Parfois, je choisissais même certains vêtements en fonction de mes doigts.

Avec le recul, je comprends que le plus douloureux n'était pas l'état de mes ongles. Ce qui me faisait souffrir, c'était l'idée de ne pas réussir à arrêter quelque chose qui semblait si simple pour tout le monde. Je me sentais faible, incapable, défectueuse. Puis un jour, j'ai compris que ce geste n'était pas là par hasard. Il m'aidait à supporter une anxiété permanente dont je n'avais même plus conscience. Cette prise de conscience a tout changé. Pour la première fois, je n'étais plus un problème à réparer. J'étais simplement une personne qui avait trouvé une façon de s'adapter.

Témoignage 2 - Lucas, 17 ans

« À l'école, j'avais toujours les mains sous la table. »

Je me rongeais les ongles surtout quand je devais me concentrer : en cours, devant l'ordinateur ou pendant les temps d'attente. Les adultes me répétaient sans cesse d'arrêter, mais personne ne voyait ce qui se passait quand j'essayais vraiment. Plus je retenais le geste, plus je devenais nerveux, irritable et tendu.

Le jour où quelqu'un m'a expliqué que mes mains avaient besoin de bouger pour aider mon cerveau à rester concentré, j'ai ressenti un immense soulagement. J'ai cessé de me considérer comme quelqu'un qui manquait de volonté. On m'a proposé des objets simples et discrets à manipuler. Personne ne m'a forcé ni surveillé. Je ne peux pas dire que tout a disparu du jour au lendemain, mais aujourd'hui je ne cache plus mes mains. Et cette différence-là change énormément de choses.

Témoignage 3 - Sofia, 29 ans

« Ce n'était pas les ongles. C'était la tension. »

Pendant longtemps, je pensais simplement être stressée. En réalité, j'étais tendue en permanence. Mon corps ne s'arrêtait jamais vraiment. Le geste apparaissait surtout le soir, lorsque la journée avait été trop chargée, ou après des périodes de pression accumulée.

Lorsque j'ai commencé une thérapie, j'ai découvert que je vivais presque constamment en apnée émotionnelle. Je retenais tout, et mes ongles absorbaient une partie de cette tension. J'ai alors appris à respirer autrement, à faire des pauses, à écouter mon corps. Curieusement, ces changements m'ont apporté bien plus que toutes les méthodes censées me faire arrêter rapidement.

Aujourd'hui, mes mains restent fragiles. Mais elles ne sont plus le champ de bataille qu'elles ont été pendant des années.

Témoignage 4 - Élodie, prothésiste ongulaire

« Les mains racontent toujours quelque chose. »

Je vois passer des mains abîmées tous les jours. Souvent, les personnes commencent par s'excuser avant même de s'asseoir. Au fil des années, j'ai entendu des histoires de honte, de solitude et de souffrance silencieuse accumulées depuis l'enfance. J'ai rencontré des femmes brillantes, des hommes sûrs d'eux en apparence, des personnes qui se rongent les ongles depuis vingt ou trente ans.

Ce qui me frappe le plus n'est pas le manque de volonté. C'est l'épuisement. Beaucoup ont essayé d'arrêter des dizaines de fois. Beaucoup se sentent coupables de ne pas y parvenir. Lorsque je prends simplement le temps d'écouter sans juger, certaines personnes se mettent à pleurer. Pas à cause de leurs ongles. À cause de tout ce qu'elles ont porté seules pendant si longtemps.

Témoignage 5 - Irma, éducatrice spécialisée

« Chez certains enfants, les mains parlent avant les mots. »

Je travaille avec des enfants en situation de handicap ou présentant des retards de développement. Beaucoup manifestent leur mal-être à travers de petits gestes auto-agressifs : se ronger les ongles, gratter leur peau ou tirer sur leurs cheveux.

Notre premier réflexe n'est jamais d'interdire. Nous cherchons d'abord à comprendre ce que le corps essaie d'exprimer. Nous proposons des textures à explorer, des objets à manipuler, des activités qui occupent les mains autrement. Très souvent, lorsque les mains trouvent une autre façon de s'exprimer, le comportement diminue de lui-même.

Ces enfants nous rappellent une chose essentielle : le corps cherche toujours à se réguler. Même lorsque sa manière de le faire lui est propre.

Témoignage 6 – Nicole, ma lectrice

« J'ai 67 ans. Il y a bien longtemps, un médecin du travail m'avait dit : “Ne vous en faites pas, cela passera avec les années. Avez-vous déjà vu une personne âgée avec des ongles rongés ?” Aujourd'hui, je pourrais lui répondre : “Oui.” Mes doigts, que je regarde repliés sur mes paumes, semblent eux aussi s'interroger encore. Je suis incapable de me rappeler quand ni pourquoi cette manie avait disparu durant ma vie active, mais je sais que ce fut contre ma volonté.

Il y a quatre mois, elle est revenue. Je cherche en vain à en comprendre la cause. Je traverse en effet une période où je me torture sans doute à cause du manque d'inspiration et de ce que j'appelle le « deuil » de mes personnages de roman. Je n'ose pas affirmer qu'il existe un lien entre ces deux événements, mais votre ouvrage m'a ouvert des perspectives sur les raisons multiples qui peuvent se cacher derrière ce geste, ainsi que sur les solutions envisageables. »

Ce que ces témoignages ont en commun

Le geste commence souvent très tôt et s'installe pendant des années. Il est fréquemment minimisé par l'entourage, alors qu'il sert bien souvent à apaiser quelque chose de plus profond. La honte aggrave la souffrance, tandis que la compréhension transforme profondément le rapport au comportement.

Derrière chaque main abîmée se cache une histoire cohérente. Lorsqu'on cesse de juger le geste, on commence enfin à entendre la personne.

Le témoignage de Nicole rappelle une vérité essentielle: l'onychophagie ne disparaît pas toujours avec l'âge. Elle peut s'endormir pendant des années, voire des décennies, avant de refaire surface lorsque la vie nous confronte à une perte, un bouleversement ou un vide intérieur. Ce retour n'est ni un échec ni un manque de volonté. C'est souvent le signe qu'une souffrance cherche à être entendue. Comprendre ce message est le premier pas vers une guérison durable.

C'est tout ce que je vous souhaite, à vous tous.

BIBLIOGRAPHIE SÉLECTIVE

Ces ouvrages m'ont inspirée ou ont aidé de nombreuses personnes confrontées à l'onychophagie, aux compulsions ou à l'anxiété. Ils parlent avec bienveillance, sans culpabilisation, et proposent des pistes concrètes pour avancer à son rythme.

I. Comprendre l'onychophagie

Labes, Bertrand (2009). J'arrête de me ronger les ongles : comment stopper définitivement mon onychophagie. Chariot d'Or.Le seul ouvrage français entièrement consacré à l'onychophagie. Un guide pratique, simple et accessible.

II. Comportements répétitifs centrés sur le corps (BFRB / CRCC)

Service de Psychiatrie Adulte du CHU de Montpellier. Manuel de traitement des comportements répétitifs centrés sur le corps.(en libre accès) Référence francophone incontournable concernant le rongement des ongles, l'arrachage des cheveux et le grattage compulsif.

Lecart, Alexandra (2023). Arrête de te gratter ! Comprendre la dermatillomanie pour mieux la soigner. Enrick B. Éditions.Premier ouvrage francophone écrit par une spécialiste des comportements répétitifs centrés sur le corps.

Montaz, Camille. Mon histoire avec la dermatillomanie – S'en sortir, c'est peaussible. Un témoignage sincère et encourageant sur le chemin du rétablissement.

Deibler, Marla W. (2020). Overcoming Body-Focused Repetitive Behaviors. New Harbinger Publications. Approche structurée pour comprendre et modifier les comportements répétitifs liés aux ongles, à la peau et aux cheveux.

III. TOC, compulsions et comportements répétitifs

Hantouche, Élie et Trybou, Vincent (2011). TOC : vivre avec et s'en libérer. Éditions Josette Lyon. Une référence majeure en langue française, particulièrement accessible.

Cottraux, Jean (2010). Les ennemis intérieurs : obsessions et compulsions. Odile Jacob. Un classique des thérapies cognitivo-comportementales.

Clair, Anne-Hélène (2024). Les troubles obsessionnels compulsifs (TOC). Collection Que sais-je ?, PUF. Une synthèse récente des connaissances scientifiques sur les TOC.

Sauteraud, Alain (2005). Le trouble obsessionnel-compulsif : manuel du thérapeute. Odile Jacob. Pour approfondir la compréhension clinique du trouble.

Bouvard, Martine (dir.) (2007). Les troubles obsessionnels compulsifs. Elsevier Masson. Approche complète intégrant théorie, recherche et pratique clinique.

Vera, Lynn (2004). Trouble obsessionnel compulsif chez l'enfant et l'adolescent. Dunod. Une ressource précieuse pour les parents et les professionnels.

IV. Anxiété, émotions et régulation psychique

Marchand, André et Letarte, Andrée. La peur d'avoir peur. Un ouvrage de référence pour comprendre l'anxiété et ses mécanismes.

Goleman, Daniel. L'intelligence émotionnelle. Une lecture essentielle pour comprendre la régulation émotionnelle.

Servan-Schreiber, David. Guérir le stress, l'anxiété et la dépression sans médicaments ni psychanalyse. Une approche accessible des liens entre corps, cerveau et émotions.

V. Douleur psychique, auto-agression et rapport au corps .

Clerget, Stéphane. Se faire mal pour aller mieux. Une réflexion éclairante sur les comportements auto-agressifs non suicidaires.

Maté, Gabor. Quand le corps dit non. Un ouvrage majeur sur les liens entre stress chronique, santé et souffrance psychique.

VI. Références internationales

Grant, Jon E., Stein, Dan J., Woods, Douglas W. et Keuthen, Nancy J. (2012). Trichotillomania, Skin Picking, and Other Body-Focused Repetitive Behaviors. American Psychiatric Publishing.

La référence scientifique internationale sur les comportements répétitifs centrés sur le corps.

Mansueto, Charles S., Mansfield-Vavrichek, Sherrie et Golomb, Ruth. Overcoming Body-Focused Repetitive Behaviors.

Guide pratique de référence consacré aux BFRB.

Deibler, Marla W. et Reinardy, Renae. The BFRB Recovery Workbook.

Ouvrage pratique très apprécié des personnes concernées.

Woods, Douglas W. et Twohig, Michael P. Trichotillomania: An ACT-Enhanced Behavior Therapy Approach.

Présentation des approches comportementales modernes fondées sur l'ACT et les TCC.

VII. Ressources institutionnelles

International OCD Foundation (IOCDF)

Informations, articles scientifiques et annuaires de professionnels spécialisés.

The TLC Foundation for Body-Focused Repetitive Behaviors

Organisation internationale de référence consacrée aux BFRB.

American Psychiatric Association (2022). DSM-5-TR : Manuel diagnostique et statistique des troubles mentaux.

Pour comprendre la reconnaissance officielle des TOC et des comportements répétitifs centrés sur le corps.

Note de l'autrice

Cette bibliographie réunit des ouvrages grand public, des témoignages, des références cliniques et des ressources destinées aux professionnels. Elle reflète l'idée centrale de ce livre : derrière le geste se cache souvent une tentative d'adaptation, de régulation ou d'apaisement. Mieux comprendre ce mécanisme, sans jugement ni culpabilité, constitue souvent la première étape vers un changement durable.

Ici s'achève le chemin que nous avons parcouru ensemble au fil de ces pages. La suite vous appartient désormais. Chaque pas, même discret, compte. Chaque moment où vous choisissez la compréhension plutôt que la culpabilité, la patience plutôt que la lutte, vous rapproche de la liberté que vous recherchez.

Si un jour vous ressentez le besoin d'une précision, d'un éclairage, d'un mot d'encouragement ou simplement d'un échange, sachez que je ne suis jamais très loin. Vous pouvez toujours me contacter par l'intermédiaire de ma librairie. Je ne promets pas d'avoir toutes les réponses, mais je prendrai le temps de vous lire et de vous répondre dans la mesure de mes possibilités.

Prenez soin de vous et de vos mains.

Arrêter de se ronger les ongles :

La méthode complète et bienveillante

Onychophagie et mains abîmées :

comprendre le geste pour retrouver sa liberté

Auteur : Lioudmila Kandybina

Éditeur : Lioudalivre

ISBN : 978-2-9599363-4-0

Dépôt légal : juillet 2026

https://www.lioudalivre.fr

www.ingramcontent.com/pod-product-compliance
Lightning Source LLC
LaVergne TN
LVHW050818061126
851857LV00012B/872
* 9 7 8 2 9 5 9 9 3 6 3 4 0 *